청소년 이해론

내일을여는지식 사회 31

농어촌 청소년을 중심으로

청소년 이해론

정하성 지음

한국학술정보(주)

머리말

　청소년은 좋은 환경에서 생활해 갈 권리가 있다. 아름답고 쾌적한 공간에서 사랑을 받으며 자유롭게 내일의 이상을 펼치면서 생활해 갈 수 있는 환경을 제공해 주어야 한다. 어른들의 사랑과 보호 속에서 마음껏 뛰어놀고 건강하게 성장해야 한다. 소외당하기 쉽고 열악한 시설 속에서 생활하고 있는 농어촌 청소년에 대한 사회적 관심과 정부의 적극적인 투자가 절실한 이유다. 농어촌에 거주하는 청소년은 도·농 간의 보완기능을 충족시켜 균형 있고 정서적 고양을 시켜 가는 일에 관심을 기울여야 한다. 도시보다는 농어촌이 자연환경이 좋은 이점이 있다. 농어촌 청소년을 이해하고 그들의 욕구에 따라서 기회를 제공해 주고 자원을 동원하고 활용해 주는 방안을 마련해야 한다. 농촌인구의 급감은 인구구성이 7% 정도이지만 이들의 기능은 절대적이다. 국민의 생존권을 보호해 주고 있다. 과거 미·소 간의 냉전시대에 소련이 아프가니스탄을 침공하자 미국은 밀수출 금지로 압박하여 문제를 해결했다. 식량을 무기화한 사례다. 우리의 식량 자급자족 율이 25%대이다. 만약 식량을 무기화한다면 엄청난 불이익을 감수하면서 수입해야 하는 실정이다. 어느 민족이건 최소한 안보차원에서 식량의 자급자족을 달성해야 한다. 이 외에도 국토보전과 자연교육, 도시기능보족의 보완기능 등 많은 문제가 농촌을 통해서 해결될 수 있다. 농어촌 청소년 중 일부를 농어민 후계자로 양성하기 위한 대책을 청소년기부터 실시하는 것이 바람직하다. 농촌의 4-H회원과 농어민 후계자를 육성하는 일에 적극적인 시책을 추진해 가야 한다. 본 저서는 한국 청소년학회에서 농어촌청소년육성재단에서 용역을 받아 우룡 사무총장과 연구한 내용을 담았음을 밝힌다. 이 외에도 청소년관련논문집에 게재한 내용을 게재했다. 본서는 이런 취지에서 집필하였고 이것이 농어촌 청소년을 이해하고 육성하는 데 기여하길 바란다.

차 례

제4장　4-H출신 지도자 활용방안 / 109

제5장 청소년사회관계 증진프로그램 개발방향 / 131

제1장

농어촌 아동·청소년의

실태 및 정책방향

Ⅰ. 농어촌 아동·청소년의 이해

우리나라의 농어촌은 21세기가 요구하는 새로운 세계화(FTA시대), 지식정보화 사회를 맞고 있다. 정치·경제·문화·사회체계 내의 가치와 질서, 생활양식 등에서 엄청난 변화를 겪는 '문명사적 대전환기'의 시대에 살아가고 있다. 농어촌 총각의 국제결혼과 다문화 가정의 증가 등으로 인한 농어촌의 사회 환경과 인적 구성이 급변하였다. 주 5일제 수업 등으로 농어촌 아동·청소년의 인식과 생활패턴 등에도 많은 변화가 있을 수밖에 없다.

우리나라 농어촌 아동·청소년정책도 지금까지의 정책을 보완하고 확충하는 수준에서 과감히 탈피하여 새로운 시각으로 아동·청소년을 바라보는 정책대안 마련이 요구된다.

국가의 건강한 미래는 농어촌 아동·청소년들에 관심을 갖고 육성해 가야 한다. 농어촌 아동·청소년들이 올바르게 성장하고, 예측할 수 없는 위기에 대처해 나갈 수 있는 능력을 갖도록 하기 위해서는 훌륭한 정책과 제도마련도 필요하다. 급변하는 사회적 상황에서 자칫 가치관의 혼돈으로 방황하지 않고 능동적으로 대처해 나갈 수 있는 역량을 길러주는 일이 중요하다. 아동·청소년이 스스로 삶의 지침을 마련할 수 있도록 도와주어야 한다. 이를 위한 '농어촌 아동·청소년육성정책' 마련을 위해서는 무엇보다도 농어촌 아동·청소년 실태조사가 선행되어야 한다.

21세기 급변하는 농어촌 환경변화에 부합하는 '농어촌 아동·청소년정책' 수립·추진을 위한 농어촌 아동·청소년의 실태 및 문제점을 조사·분석하고 이를 토대로 향후 농어촌 아동·청소년정책의 방향과 과제를 모색하였다.

조사지역은 영남과 호남지역의 농어촌 읍·면지역에서 생활하고 있는 아동·청소년(초등학생, 중학생, 고등학생, 대학생) 총 1,200명을 대상으로 할당표본추출방법을 적용하였다. 영남지역과 호남지역의 비율을 5:5로 하였다.

조사대상자의 일반적 특성을 살펴보면 성별은 남자 아동·청소년이 42.4%, 여자 아동·청소년이 57.6%의 분포를 보였다. 학력별로는 초등학교가 11.9%, 중학교가 26.4%, 고등학교가 55.7%, 대학교가 6.0%의 비율을 차지하였다. 조사 도구는 구조화된 질문지를 사용하였다. 사용된 질문지는 기존의 연구들을 참조하였고, 각 문항의 타당도를 높이기 위해서 관련 전문가의 조언을 바탕으로 만들었다. 본 질문지의 구성은 크게 6개(개인적 특성, 의식 및 가치관, 학교생활, 지역사회생활, 문화여가생활, 아동·청소년활동) 영역이다. 우리 농어촌의 현실은 지금 자유무역협정(FTA)시대에 직면해 있고, 특히 농어촌 총각의 국제결혼의 증가와 다문화 가정의 증가 등으로 인해 농어촌 환경과 인적 구성이 급변하고 있다. 농어촌 청소년의 인식과 생활패턴 등에도 많은 영향을 끼치고 변화를 초래할 것으로 예상된다. 시대적 상황에서 농어촌 청소년들이 올바르게 성장하고, 위기에 대처해 나갈 수 있는 능력을 갖도록 하기 위해서는 훌륭한 농어촌청소년육성정책과 제도마련도 중요하다. 급변하는 사회적 상황에서 자칫 가치관의 혼돈으로 방황하지 않고 능동적으로 대처해 나갈 수 있는 역량을 길러 주어야 한다. 청소년 스스로 삶의 지침을 마련할 수 있도록 도와주어야 한다. 이를 위해서는 무엇보다도 농어촌 청소년 실태조사가 선행되어야 한다.

여기에서는 전국 농어촌 청소년 실태조사를 실시하여 농어촌 청소년의 의식 및 생활실태를 조사·분석하고 더불어 농어촌청소년 육성정책의 기초자료로 활용하였다.

질문지는 2007년 4월부터 5월까지 약 4주간에 걸쳐 영남과 호남지역에 생활하고 있는 아동·청소년을 대상으로 영남지역 600부, 호남지역 600부를 배부하였다. 회수된 질문지 가운데 무응답 및 자료로 이용하기에 부적절한 질문지를 제외한 총 1,022부를 분석 자료로 활용하였다.

완료된 조사자료를 부호화, 자료수정작업을 거쳐 사회과학을 위한 통계 패키지(SPSS 12.0)를 활용하여 통계 처리하였다. 주로 활용한 통계분석방법은 빈도분석, 교차분석, Chi-Square이다.

Ⅱ. 농어촌 청소년의 이론 접근

1. 농어촌의 개념과 범위

1) 사회학적 기준

농촌과 도시를 구분하는 대표적인 사회학적 기준은 인구의 크기, 직업, 사회문화적 특성을 지적할 수 있다.

농촌과 도시를 구분함에 있어 가장 흔히 쓰이는 기준은 인구규모이다. 미국의 인구통계국은 2,500명을 기준으로 하여 그 미만을 농촌으로, 그 이상을 도시로 구분하고 있다. 그 외에도 기브스(Gibbs, J. K.)와 데이비스(Davis, K.)는 10,000명을 기준으로, 하우서(Hauser, P. M.)는 20,000명을 기준으로 삼고 있다. 우리나라는 읍과 면을 포함하는 군부(郡部)지역을 농어촌으로 보고, 시부(市部)지역을 도시로 보는 경향이다. 인구 5만 명을 기준으로 인구 5만 명 이상의 읍을 제외한 군부지역(인구 5만 명 미만의 읍과 모든 면지역)을 농어촌으로 본다. 우리나라의 도시는 주변 농촌을 포함하여 광역화되어 있어 도시 안에 많은 농촌을 포함하고 있다. 군부의 읍 가운데는 시로 승격하기 직전에 있는 인구 5만 명 이상의 읍도 있다. 읍을 농촌으로 보는 데는 문제가 있다. 인구규모에 의한 분류기준은 학자와 나라에 따라 사정이 다르므로 반드시 적절한 것이 아니라는 주장이 많다. 우리나라 농어촌주민의 사회적·경제적·문화적 서비스의 대부분이 군부지역의 읍·면 단위에서 충족되고 있는 현실을 고려할 때 농어촌지역의 범위를 현 행정구역상의 군부지역의 읍·면 단위로 정하는 것이 타당하다.

다음은 직업에 의한 농촌과 도시의 구분이다. 농촌이란 농업에 종사하는 사람이 사는 곳으로 볼 때 직업기준이 가장 정확한 도시와 농촌을 구분하는 기준이다. 농촌과 도시를 구분함에 있어 인구규모가 가장 흔히 쓰이는 이유는 농촌지역에 비농업인구와 비농가가 증가하는 추세에 있고 농촌지역사회의 주민 중 과반수의 주민이 농업에 종사하지 않을 때다. 또 도시지역사회의 주민 중 일부가 영농에 종사하는 인구 또는 가호(家戶)가 있을 때다. 어떤 비율을 기준으로 농촌 또는 도시로 규정할 것인가의 어려운 문제에 봉착하기 때문에 편의상 인구규모로 구분하려는 것이라고 볼 수 있다.

농촌과 도시를 구분하는 기준으로 사회문화적 특성을 지적할 수 있다. 듀이(Dewey, R.)는 농촌과 도시와의 사회문화적 특성의 차이를 익명성, 분업, 주민의 다양성, 공식적 인간관계, 지위의 외면적 상징 등을 들고 있다.

2) 법제도적 기준

농어촌에 대한 개념을 현행 관련 법제도에서는 어떻게 규정하고 있는지를 살펴보면 다음과 같다.

① 농업·농촌 기본법

제3조(정의) 5호: '농촌'이라 함은 군의 지역과 시의 지역 중 대통령령이 정하는 지역을 말한다.

② 농업·농촌기본법시행령

제5조(농촌의 범위): 법 제3조 제5호에서 "시의 지역 중 대통령령이 정하는 지역"이라 함은 지방자치법 제2조 제1항 제2호의 규정에 의한 시의 지역 중 농림부장관이 농촌소득의 증대를 위하여 필요하다고 인정하여 법 제43조의 규정에 의한 중앙농정심의회의 심의를 거쳐 농촌으로 고시하는 지역을 말한다.

③ 농어촌정비법

제2조(정의) 1호: '농어촌'이란 군의 지역과 시의 지역 중 대통령령으로 정하는 지역을 말한다.

④ 농어촌정비법시행령

제1조의 2(농어촌의 범위): 「농어촌 정비법」(이하 '법'이라 한다) 제2조 제1호에서 "시의 지역 중 대통령령이 정하는 지역"이라 함은 「지방자치법」 제2조 제1항 제2호의 규정에 의한 시의 지역 중 다음 각 호의 지역을 말한다.

- 1호: 농촌소득의 증대를 위하여 필요한 지역으로서 농림부장관이 「농업·농촌기본법」 제43조의 규정에 의한 중앙농정심의회의 심의를 거쳐 농촌으로 고시하는 지역
- 2호: 어촌소득의 증대를 위하여 필요한 지역으로서 해양수산부장관이 어촌으로 고시하는 지역

⑤ 농어촌주민의 보건복지증진을 위한 특별법

제2조(정의) 1호: '농어촌'이라 함은 지방자치법 제2조 제1항 제2호의 규정에 의한 시와 군의 지역 중 다음 각 목의 1에 해당하는 지역을 말한다.

- 가목: 읍·면의 전 지역
- 나목: 동(동)의 지역 중 국토의 계획 및 이용에 관한 법률 제36조 제1항 제1호의 규정에 따라 지정된 주거지역·상업지역 및 공업지역을 제외한 지역

제2조(정의) 2호: '농어촌주민'이라 함은 농어촌에 거주하는 자를 말한다.

제2조(정의) 3호: '농어민'이라 함은 농업·농촌 기본법 제3조 제2호의 규정에 의한 농업인과 「수산업법」 제2조 제11호의 규정에 의한 어업인을 말한다.

2. 농어촌 아동·청소년의 개념 정의

1) 협의의 개념

농어촌 아동·청소년은 농어촌에서 살고 있는 아동·청소년을 통상적으로 의미하나 본 연구에서의 농어촌 아동·청소년에 대한 협의의 개념은 농어촌지역(군부지역의 읍·면)에서 아동·청소년 자신이 직접 농어업에 종사하거나 아동·청소년 자신은 농어업 일을 하지 않더라도 자신의 가호가 농어촌지역에서 농어업에 종사하고 있는 농어업인 아동·청소년과 농어업인 자녀 아동·청소년을 지칭한다.

2) 광의의 개념

본 연구에서는 농어촌 아동·청소년을 앞에서 이미 언급한 협의의 개념으로서의 농어업인 아동·청소년과 농어업인 자녀 아동·청소년뿐만 아니라 농어촌지역(군부지역의 읍·면)에서 살고 있는 비농어업인 아동·청소년과 비농어업인 자녀 아동·청소년까지 포함하는 광의의 개념으로 정의한다.

(1) 우리 사회에 대한 의식 및 가치관
① 농어촌의 미래에 대한 전망

농어촌 아동·청소년이 우리 농어촌의 미래를 희망적으로 보고 있는가에 대해서는 농어촌 아동·청소년의 40.0%가 응답한 '그렇지 않다'가 가장 높았으며, 그 다음으로 '보통이다' 26.1%, '전혀 그렇지 않다' 18.1%, '그렇다' 10.2% 순으로 나타났다. 우리 농어촌의 미래를 희망적으로 생각하는 농어촌 아동·청소년은 15.8%에 불과한 반면에 비관적으로 보는 농어촌 아동·청소년은 58.1%로서 전체의 과반수를 상회하고 있다. 대체로 대다수(58.1%)의 농어촌 아동·청소년이 우리 농어촌의 장래를 비관적으로 보고 있다.

② 농어촌 거주의사

농어촌 아동·청소년이 앞으로 농어촌에서 살고 싶은가에 대해서는 농어촌 아동·청소년의 31.8%가 '전혀 그렇지 않다'가 가장 높게 나왔으며, 그 다음으로 '그렇지 않다' 29.8%, '보통이다' 25.0%, '그렇다' 9.9% 순이었다. 농어촌에서 살고 싶다는 농어촌 아동·청소년은 13.5%에 불과한 반면, 살고 싶지 않다는 농어촌 아동·청소년은 61.6%로서 전체의 과반수를 훨씬 상회하였다. 우리나라 농어촌 아동·청소년의 대다수(61.6%)가 앞으로 농어촌에서 살기를 원하지 않고 있다.

③ 혼혈인 및 외국인에 대한 사회적 편견

우리 사회는 혼혈인 및 외국인에 대해 사회적 편견과 차별이 심한가에 대해서는 농어촌 아동·청소년의 35.1%가 응답한 '그렇다'가 가장 높게 나타났다. 다음으로 '보통이다' 27.3%, '매우 그렇다' 19.3% 순으로 나타났다.

혼혈인 및 외국인에 대해 사회적 편견과 차별이 심하다고 응답한 농어촌 아동·청소년은 54.4%로서 전체의 과반수를 상회한 반면, 사회적 편견과 차별이 심하지 않다고 응답한 농어촌 아동·청소년은 18.3%에 불과하였다. 농어촌 아동·청소년의 대다수(54.4%)가 우리 사회는 혼혈인 및 외국인에 대해 사회적 편견과 차별이 심한 사회로 간주하고 있었다.

(2) 고민 및 걱정거리

현재 농어촌 아동·청소년 자신의 가장 큰 고민과 걱정이 무엇인가에 대해서는 농어촌 아동·청소년의 44.3%가 응답한 공부·학업문제가 가장 높게 나타났다. 다음으로 직업이나 진로문제 25.8%, 외모문제 7.9%, 돈·경제적인 문제 7.6% 순이었다. 전반적으로 우리 농어촌 아동·청소년은 공부·학업문제와 직업·진로문제로 크게 고민하고 있다.

(3) 직업관

농어촌 아동·청소년이 가장 원하는 직업이 무엇인가에 대해서는 농어촌 아동·청소년의 23.7%가 응답한 전문직(의사, 학자 등)이 가장 높은 응답률을 차지하고 있다. 다음으로 사무직(회사, 공무원 등) 17.2%, 교직(유치원, 초·중·고 교사 등) 14.6%, 연예인 및 방송인 7.9%, 예술인(화가, 사진사, 디자이너 등) 6.7% 순이었다. 전반적으로 우리 농어촌 아동·청소년이 가장 선호하는 직업은 전문직 및 사무직과 교직 순으로 나타났다.

3. 농어촌 아동·청소년의 학교생활 실태

1) 학교생활 만족도

(1) 학교 친구에 대한 만족도

농어촌 아동·청소년이 학교 친구에 대해 얼마나 만족하고 있는가에 대해서는 농어촌 아동·청소년의 41.4%가 '만족하다'로 가장 높게 나왔다. 다음으로 '보통이다' 28.7%, '매우 만족한다'가 20.3%, '불만족하다' 5.7%, '매우 불만족하다' 3.8% 순으로 나타났다.

교우에 대해 만족하고 있는 농어촌 아동·청소년은 61.7%로 나타난 반면, 불만족스럽다고 응답한 농어촌 아동·청소년은 9.5%로 나타났다.

(2) 학교 수업에 대한 만족도

농어촌 아동·청소년이 학교수업에 대해 얼마나 만족하고 있는가에 대해서는 농어촌 아동·청소년의 50.4%가 '보통이다'로 가장 높게 나타났다. 다음으로 '만족한다'가 21.2%, '불만족하다' 15.8%, '매우 불만족하다' 7.9% 순으로 나타났다.

학교수업에 대해 만족하고 있는 농어촌 아동·청소년은 25.9%로 나타난 반면, 불만족스럽다고 응답한 농어촌 아동·청소년은 23.7%로 나왔다.

(3) 학교 선생님에 대한 만족도

농어촌 아동·청소년이 학교선생님에 대해 얼마나 만족하고 있는가에 대해서는 농어촌 아동·청소년의 43.9%가 '보통이다'가 가장 높게 나타났다. 다음으로 '만족한다'가 20.8%, '불만족하다' 17.4%, '매우 불만족하다' 12.1% 순으로 나타났다.

학교 선생님에 대해 만족하는 농어촌 아동·청소년은 26.5%로 나타난 반면, 불만족스럽다고 응답한 농어촌 아동·청소년은 29.5%로 나왔다.

(4) 학교 시설에 대한 만족도

농어촌 아동·청소년이 학교시설에 대해 얼마나 만족하고 있는가에 대해서는 농어촌 아동·청소년의 35.9%가 '보통이다'가 가장 높게 나타났다. 다음으로 '불만족하다' 27.2%, '매우 불만족하다' 19.7%, '만족한다'가 13.2% 순이었다.

학교시설에 대해 만족하고 있는 농어촌 아동·청소년은 17.1%에 불과한 반면, 불만족스럽다고 응답한 농어촌 아동·청소년은 46.9%로 나타났다.

2) 학교생활 중 가장 불만스러운 것

농어촌 아동·청소년이 학교생활을 하는 데 있어 가장 불만스러워하는 것에 대해서는 농어촌 아동·청소년의 19.9%가 선생님의 수업방식이 가장 높게 나타났다. 다음으로 체벌 12.3%, 학교시설 11.3%, 자율학습 9.5% 순이었다. 대체적으로 우리 농어촌 아동·청소년은 학교생활 중 선생님의 수업방식 및 체벌과 학교시설에 대해 가장 불만스러워하고 있다.

3) 공부압력 및 스트레스

농어촌 아동·청소년의 공부압력 및 스트레스 정도에 대해서는 농어촌 아동·청소년의 32.5%가 응답한 '조금 많이 받는다'가 가장 높게 나타났다. 다음으로 '보통이다' 30.1%, '별로 받지 않는다'가 17.8%, '매우 많이 받는다'가 14.6% 순이었다. 공부압력 및 스트레스를 받는다는 농어촌 아동·청소년은 47.1%인 데 비해 받지 않는다고 응답한 농어촌 아동·청소년은 22.8%였다. 대다수(47.1%)의 농어촌 아동·청소년이 주변의 사람들로부터 공부압력 및 스트레스를 많이 받고 있다.

4) 학교폭력 경험 여부

농어촌 아동·청소년의 학교폭력 경험 여부에 대해서는 농어촌 아동·청소년의 5.9%만이 학교폭력(왕따 및 폭행)에 대한 경험이 있는 반면, 94.1%의 농어촌 아동·청소년은 학교폭력의 경험이 없었다.

4. 농어촌 아동·청소년의 지역사회생활 실태

1) 지역사회생활 만족도

(1) 마을의 주거환경에 대한 만족도

농어촌 마을의 주거환경에 대한 만족도는 농어촌 아동·청소년의 49.5%가 '보통이다'가 가장 높게 나타났다. 다음으로 '불만족하다' 19.3%, '만족한다' 18.1%, '매우 불만족하다' 8.0% 순으로 나타났다.

마을의 주거환경에 만족하는 농어촌 아동·청소년은 23.3%인 반면, 불만족스럽다고 응답한 농어촌 아동·청소년은 27.3%로 나타났다.

(2) 마을의 교육환경에 대한 만족도

농어촌 아동·청소년에게 현재 살고 있는 마을의 교육환경에 대해서 어느 정도 만족하고 있는가를 질문해 본 결과는 농어촌 아동·청소년의 49.3%가 응답한 '보통이다'가 가장 높게 나왔으며,

다음으로 '불만족하다' 22.8%, '만족한다' 12.9%, '매우 불만족하다' 11.5% 순이었다.

마을의 교육환경에 만족하는 농어촌 아동·청소년은 16.4%에 불과한 반면, 불만족스럽다고 응답한 농어촌 아동·청소년은 34.3% 였다.

(3) 마을의 보건·의료·복지환경에 대한 만족도

농어촌 마을의 보건·의료·복지환경에 대해서 어느 정도 만족하고 있는가를 질문해 본 결과는 농어촌 아동·청소년의 46.5%가 응답한 '보통이다'가 가장 높게 나타났다. 다음으로 '불만족하다'가 23.5%, '만족한다'가 16.4%, '매우 불만족하다'가 9.7% 순이었다.

마을의 보건·의료·복지환경에 만족하고 있는 농어촌 아동·청소년은 20.3%로 나타난 반면, 불만족스럽다고 응답한 농어촌 아동·청소년은 33.2%였다.

(4) 마을의 문화여가환경에 대한 만족도

농어촌 마을의 문화여가환경에 대한 만족도에 대해서는 농어촌 아동·청소년의 41.8%가 응답한 '보통이다'가 가장 높게 나타났다. 다음으로 '불만족하다' 25.7%, '매우 불만족하다' 19.2%, '만족한다' 10.0% 순으로 나타났다.

마을의 문화여가환경에 만족하는 농어촌 아동·청소년은 단지 13.3%에 불과한 반면, 불만족스럽다고 응답한 농어촌 아동·청소년은 44.9%였다. 대다수(44.9%)의 농어촌 아동·청소년은 마을의 문화여가환경에 불만족하고 있다.

(5) 마을의 교통환경에 대한 만족도

농어촌 아동·청소년에게 마을의 교통환경에 대해서 어느 정도 만족하고 있는가를 질문해 본 결과는 농어촌 아동·청소년의 45.1%가 '보통이다'로 가장 높게 나타났다. 다음으로 '불만족하다' 22.6%, '만족한다' 14.4%, '매우 불만족하다' 12.3% 순이었다.

마을의 교통환경에 만족하고 있는 농어촌 아동·청소년은 20.0%로 나타난 반면, 불만족스럽다고 응답한 농어촌 아동·청소년은 34.9%였다.

2) 현 마을에 계속 거주할 의사

농어촌 아동·청소년이 지금 살고 있는 마을에서 앞으로도 계속해서 살고 싶은가를 질문해 본 결과는 농어촌 아동·청소년의 37.1%가 '가능하면 다른 곳으로 이사하고 싶다'가 가장 높게 나타났다. 다음으로 '잘 모르겠다'가 26.4%, '반드시 다른 곳으로 이사하고 싶다' 25.6%, '가능하면 살고 싶다' 8.4% 순이었다.

앞으로도 지금 살고 있는 마을에서 계속해서 살고 싶다고 하는 농어촌 아동·청소년은 단지 11.0%에 불과한 반면, 이사를 가고 싶다고 하는 농어촌 아동·청소년은 무려 62.7%로서 전체의 과반수를 훨씬 상회하였다. 우리나라 농어촌 아동·청소년의 대다수(62.7%)가 지금 살고 있는 농어촌 마을에서 다른 곳으로 이사를 가고 싶어 한다.

5. 농어촌 아동·청소년의 문화여가생활 실태

1) 문화여가생활의 만족도

농어촌 아동·청소년의 문화여가생활에 대한 만족도에 대해서는 농어촌 아동·청소년의 40%가 '보통이다'로 가장 높게 나타났다. 다음으로 '불만족하다' 29.7%, '만족한다' 15.7%, '매우 불만족하다' 9.3% 순으로 나타났다.

문화여가생활에 대해 만족하는 농어촌 아동·청소년은 21.1%인 반면, 불만족스럽다고 응답한 농어촌 아동·청소년은 39%였다. 대체로 농어촌 아동·청소년은 문화여가생활에 불만족하고 있었다.

2) 문화여가활동에 있어 가장 필요한 것

농어촌 아동·청소년에게 문화여가활동을 하는 데 있어 가장 필요한 것이 무엇인가를 질문해 본 결과 농어촌 아동·청소년의 31.9%가 시간적 여유가 문화여가활동을 하는 데 가장 필요한 것으로 나타났다. 다음으로 충분한 시설과 장소 20.1%, 경제적 능력 19.8%, 마음에 맞는 친구 13.9%, 다양한 프로그램 11.2% 순이었다. 대체로 우리 농어촌 아동·청소년이 문화여가활동을 하는 데 있어 시간적 여유 및 충분한 시설과 장소가 가장 필요한 것으로 나타났다.

3) 문화여가활동을 하는 지역

농어촌 아동·청소년이 주로 문화여가활동을 하는 지역에 대해서는 농어촌 아동·청소년의 64.3%가 중·소도시에서 문화여가활동을 하고 있다. 다음으로는 농어촌지역(읍·면)에서 28.0%, 대도시에서 7.7% 순으로 나타났다. 농어촌 아동·청소년의 72%(중·소도시＋대도시)가 인근 중·소도시나 대도시에서 문화여가활동을 하고 있다.

4) 지역의 문화여가시설 이용 정도

농어촌지역의 문화여가시설 이용 정도에 대해서는 농어촌 아동·청소년이 매일 이용하는 시설의 경우를 보면 분식점, 패스트푸드점(15.1%)이 가장 높게 나타났다. 다음으로 헬스, 체육관(8.4%), 독서실(6.4%), 공원, 유원지, 놀이시설(6.2%), 시장, 쇼핑센터(5.6%), 만화방, PC방, 오락실(5.4%) 순으로 나타났다.

5) 가장 해 보고 싶은 문화여가활동

농어촌 아동·청소년에게 충분한 시간과 기회가 주어진다면 가장 해 보고 싶은 문화여가활동은 무엇인가를 질문해 본 결과 농어촌 아동·청소년의 35.5%가 여행하기가 가장 높게 나타났다. 다음으로 영화, 연극관람 11.9%, 아르바이트 9.2%, 동아리활동, 친구들과의 만남 7.6% 순으로 나타났다.

6. 아동ㆍ청소년활동 유형별 체험 여부 및 만족도 실태

1) 아동ㆍ청소년활동 유형별 참여 여부

농어촌 아동ㆍ청소년에게 아동ㆍ청소년활동의 유형별 참여 여부를 질문해 본 결과 '자원봉사활동에 참여한 적이 있다' 63.4%, '진로탐색활동에 참여한 적이 있다' 45.3%, '문화예술 활동에 참여한 적이 있다' 44.4%, '과학정보활동에 참여한 적이 있다' 32.1%, '모험개척활동에 참여한 적이 있다' 28.1%, '아동ㆍ청소년인권활동에 참여한 적이 있다' 16.3%, '국제교류활동에 참여한 적이 있다' 13.8% 순으로 나타났다.

2) 아동ㆍ청소년활동 유형별 만족도

농어촌 아동ㆍ청소년에게 아동ㆍ청소년활동 유형별 만족 정도를 질문해 본 결과 모험개척활동에 만족한다는 응답은 40.1%, 자원봉사활동에 만족한다는 응답은 36.8%, 과학정보활동에 만족한다는 응답은 36.5%, 국제교류활동에 만족한다는 응답은 33.6%, 문화예술 활동에 만족한다는 응답은 30%, 진로탐색활동에 만족한다는 응답은 18.9%, 아동ㆍ청소년인권활동에 만족한다는 응답은 16.7% 순으로 나타났다.

한편 국제교류활동의 경우 아동ㆍ청소년활동 유형 중 농어촌 아동ㆍ청소년의 참여는 낮은 편이나 만족도는 높게 나타났다. 이는 농어촌 아동ㆍ청소년이 기회가 주어진다면 국제교류활동에 참여하고 싶어 하나 가정의 경제적인 형편 등의 이유로 참여하기가 어렵지만 국제교류활동에 참여하게 되면 만족도가 높은 것으로 생각된다.

Ⅲ. 농어촌 아동·청소년의 현실문제

조사·파악 분석한 농어촌 아동·청소년의 문제점을 나타내면 다음과 같다.

1. 농어촌에 대한 부정적인 인식 및 태도

농어촌 아동·청소년의 58.1%가 우리 농어촌의 미래를 비관적으로 보고 있을 뿐 아니라 앞으로 농어촌에서 살고 싶어 하지 않는 농어촌 아동·청소년이 61.6%로 나타났다.

2. 농어촌마을에 대한 낮은 만족도

농어촌마을의 문화여가환경에 만족하는 농어촌 아동·청소년은 단지 13.3%이다. 교육환경에 만족하는 농어촌 아동·청소년은 16.4%, 교통 환경에 대해 만족하는 농어촌 아동·청소년은 20%, 보건·의료·복지환경에 만족하는 농어촌 아동·청소년은 20.3%, 주거환경에 만족하는 농어촌 아동·청소년은 23.3%로 나타났다.

3. 학교생활에 대한 낮은 만족도

학교수업에 대해 만족하는 농어촌 아동·청소년은 25.9%인 반면에 농어촌 아동·청소년의 23.7%는 학교수업에 대해 불만을 느끼고 있었다. 또한 농어촌 아동·청소년은 학교생활 중 선생님의 수업방식(19.9%)과 체벌(12.3%) 및 학교시설(11.3%)에 대해 가장 불만을 느끼고 있다.

4. 문화여가생활에 대한 낮은 만족도

문화여가생활에 대해 만족하는 농어촌 아동·청소년은 21.1%인 반면, 문화여가생활에 불만을 느끼는 농어촌 아동·청소년은 39%이다. 농어촌 아동·청소년의 72%가 인근 중·소도시나 대도시에서 문화여가활동을 하고 있는 데 비해 농어촌지역(읍·면)에서 문화여가활동을 하는 농어촌 아동·청소년은 28%에 불과하였다.

5. 공부·학업 및 직업·진로문제

농어촌 아동·청소년의 가장 큰 고민이나 걱정거리는 공부·학업문제 44.3%와 직업·진로문제 25.8%로 나타났다. 또한 농어촌 아동·청소년의 47.1%가 주변의 사람들로부터 공부압력 및 스트레스를 많이 받는 반면에 스트레스를 받지 않는 농어촌 아동·청소년은 22.8%이었다. 농어촌 아동·청소년이 가장 원하는 직업은 전문직(23.7%) 및 사무직(17.2%)과 교직(14.6%)으로 나타났다.

6. 학교폭력 문제

농어촌 아동·청소년의 5.9%가 학교폭력(왕따 및 폭행)의 경험이 있는 반면, 94.1%의 농어촌 아동·청소년은 학교폭력에 대한 경험이 없는 것으로 나타났다. 농어촌지역 다문화 아동·청소년의 31.3%가 학교폭력(왕따 및 폭행)의 경험이 있는 데 비해 농어촌지역 일반 아동·청소년은 5%만이 학교폭력에 대한 경험이 있는 것으로 나타났다.

7. 아동·청소년활동에 대한 낮은 참여

국제교류활동에 참여해 본 적이 있는 농어촌 아동·청소년은 13.8%, 청소년인권활동에 참여해 본 적이 있는 농어촌 아동·청소년은 16.3%, 모험개척활동에 참여해 본 적이 있는 농어촌 아동·청소년은 28.1%이다. 과학정보활동에 참여해 본 적이 있는 농어촌 아동·청소년은 32.1%, 문화예술 활동에 참여해 본 적이 있는 농어촌 아동·청소년은 44.4%이다. 진로탐색활동에 참여해 본 적이 있는 농어촌 아동·청소년은 45.3%로 나타났다.

8. 아동·청소년유해환경 이용 문제

농어촌지역의 아동·청소년유해업소는 술집, 호프집이 89.1%로 가장 많았다. 다음으로 커피숍, 카페, 다방 82.1%, 디스코텍, 나이트클럽 60.5% 순으로 나타났다. 농어촌 아동·청소년의 28.8%가 커피숍, 카페, 다방을 이용하고 있었고 농어촌 아동·청소년의 23.8%는 술집, 호프집을 이용하고 있었다. 또한 농어촌 아동·청소년의 16.9%가 디스코텍, 나이트클럽을 이용하고 있었다.

Ⅳ. 농어촌 아동·청소년의 정책방향과 과제

이상의 주요 연구결과를 종합하여 향후 우리나라 농어촌 아동·청소년의 정책방향과 우선적으로 시급히 추진해야 할 정책과제를 제시하면 다음과 같다.

1. 정책방향

1) 지역과 직업기준에 따라 농어촌 아동·청소년의 개념 및 정책을 분리 적용하여야 한다.

농어촌 아동·청소년에 대한 육성·지원책은 보건복지가족부나 농림부의 농촌진흥청 등 각기 조직이 추구하는 의도나 목표에 따라 다르게 적용되고 있어 혼란을 초래하고 있다. 농어촌 아동·청소년이라는 범주는 크게 영농후계자육성이라는 직업적 측면과 농어촌지역이라는 공간적 측면으로 양분되고 있는 실정이다. 이러한 측면에서 본다면 농어촌 아동·청소년에 대한 개념 및 정책은 지역과 직업기준에 따라 분리하여 대상을 범주화하고 그 규정에 따라 차별화된 육성·지원책이 마련되어야 한다.

2) 농어촌 아동·청소년의 비영농부분에 대한 아동·청소년육성정책이 확대 강화되어야 한다.

우리나라 농어촌 아동·청소년육성정책의 방향은 주로 농업 인력의 확보와 영농승계 인력의 안정적 지원을 유도하기 위해서 농어촌 아동·청소년의 특수집단을 대상으로 영농부문에 국한되어 추진되었다. 이로 인하여 농어촌 아동·청소년의 비영농부분에 대한 육성·지원책은 소홀히 다루어지고 있는 실정이다. 앞으로의 농어촌 아동·청소년육성정책은 단지 영농부분에 국한되어 농어업의 안정적 인적 자원 확보라는 측면을 벗어나 전체 농어촌 아동·청소년을 위한 육성정책과 방향이라는 차원에서 포괄적으로 이해되어야 한다. 이를 위해서는 특히, 농어촌 아동·청소년의 비영농부분에 대한 육성·지원책이 보다 확대·강화되어야 한다.

3) 농어촌 아동·청소년 중심의 아동·청소년육성·지원책이 수립 및 추진되어야 한다.

농어촌지역이 도시지역보다 교육, 문화, 복지 등의 아동·청소년 관련 인프라 및 여건이 열악하기 때문에 도시지역의 아동·청소년에 비해 더 많은 관심과 정책적 지원을 받을 수 있어야 한다. 그러나 농어촌지역의 아동·청소년을 위한 각종 육성·지원책은 매우 부족할 뿐만 아니라 아동·청소년정책이 농어촌 및 농어촌 아동·청소년의 현실을 제대로 반영하지 못하고 있는 실정이다. 향후 농어촌지역의 아동·청소년을 위한 각종 시책과 대책은 도시 중심적 관점에서 벗어나 농어촌 및 농어촌 아동·청소년의 시각에서 수립·추진되어야 한다.

2. 분야별 정책과제

1) 아동·청소년 의식 및 생활분야 정책과제

(1) 농어촌에 대한 부정적인 태도개선 및 농어촌 아동·청소년의 의식변화

농어촌 아동·청소년들은 우리 농어촌에 대해 부정적인 인식과 태도를 가지고 있다. 또한 한 지역에서 오래 살아 다양한 경험을 하지 못해 자신의 지역에 국한된 우물 안 개구리식의 좁은 안목과 소견을 가지고 있는 편이었다. 따라서 도·농 간 격차문제를 해소하기 위한 농어촌개발방안과 함께 앞으로 계속해서 살고 싶은 미래 농어촌에 대한 밝은 청사진을 제시하여야 한다. 농어촌 아동·청소년의 부정적인 인식과 태도를 변화시킬 교육 방안이 마련되어야 한다. 특히, 장기적인 안목과 식견을 넓혀 줄 수 있는 다양한 체험 및 의식변화 프로그램이 절실히 요구된다.

(2) 우수교사 확보와 농어촌 아동·청소년의 학교생활에 대한 만족도 증진

농어촌 아동·청소년의 학교생활에 대한 만족도가 전반적으로 낮은 수준이었다. 농어촌 아동·청소년은 학교생활 중 선생님의 수업방식(19.9%)과 체벌(12.3%) 및 학교시설(11.3%)에 대해 가장 불만을 느끼고 있었다. 따라서 농어촌 아동·청소년의 학교생활에 대한 만족도를 높이기 위한 양질의 교육서비스를 제공할 우수교사 유치와 더불어 학교시설 확충 및 지원방안이 마련되어야 한다.

(3) 농어촌 아동·청소년의 학업 및 진로상담교육의 강화와 상담시설 확충

농어촌 아동·청소년들은 학업 및 진로문제로 가장 크게 고민 걱정하고 있지만 상담시설의 이용도는 매우 낮은 수준이었다. 농어촌 아동·청소년의 가장 큰 고민이나 걱정거리는 공부·학업문제 44.3%와 직업·진로문제 25.8%로 나타났다. 농어촌지역의 아동·청소년시설 중 전혀 이용하지 않는 시설은 농어촌 아동·청소년의 86.3%가 응답한 아동·청소년상담실이 가장 높게 나타났다. 공부·학업문제와 직업·진로문제로 인한 농어촌 아동·청소년의 고민이나 스트레스를 풀어줄 학업 및 진로상담교육의 강화와 함께 다양한 진로탐색프로그램의 개발 및 상담시설 확충 지원방안이 마련되어야 한다.

(4) 주 5일 수업제에 따른 농어촌 아동·청소년의 맞춤형 여가활동 프로그램 개발과 만족도 증진

농어촌 아동·청소년의 문화여가생활에 대한 만족도는 전반적으로 매우 낮은 수준이었다. 문화여가생활에 대해 만족하는 농어촌 아동·청소년은 21.1%인 반면, 문화여가생활에 불만을 느끼는 농어촌 아동·청소년은 39%이다. 농어촌 아동·청소년의 72%가 중·

소도시나 대도시에서 문화여가활동을 하고 있는 데 비해 농어촌지역(읍·면)에서 문화여가활동을 하는 농어촌 아동·청소년은 28%에 불과하였다. 농어촌 아동·청소년의 문화여가활동을 활성화시키고 이에 대한 만족도를 높이기 위해서는 양질의 다양한 여가활동 프로그램의 개발과 더불어 여가시설 확충 방안이 마련되어야 한다. 주 5일제 수업 실시에 따른 농어촌지역의 여가시설자원의 활용방안과 함께 맞춤형 농어촌 아동·청소년 여가활동 프로그램개발이 무엇보다도 절실히 요구된다.

(5) 농어촌 아동·청소년의 아동·청소년활동 활성화 및 교류활동 증진

농어촌 아동·청소년들의 아동·청소년활동 참여는 전반적으로 저조한 수준이었다. 농어촌 아동·청소년의 경우 국제교류활동과 아동·청소년인권활동 그리고 모험개척활동이 매우 저조하였다. 농어촌 아동·청소년들의 자발적인 참여를 통한 아동·청소년활동 활성화 방안 마련이 필요하다. 글로벌시대의 농어촌 아동·청소년들이 가장 해 보고 싶은 문화여가활동이 여행하기이다. 가정의 경제적 형편 등의 이유로 인해 국제교류활동에 참여율이 낮다. 그러나 참여하게 되면 만족도가 높다는 점을 고려할 때 농어촌 아동·청소년을 위한 다양한 아동·청소년교류활동 프로그램 개발과 함께 보다 많은 참여 기회를 제공할 수 있는 지원책이 마련되어야 한다.

(6) 농어촌지역의 아동·청소년유해환경 정화활동 강화와 아동·청소년이 살기 좋은 농어촌마을 만들기 운동 전개

농어촌 아동·청소년들이 생각보다는 많이 아동·청소년유해업소를 이용하고 있었다. 농어촌지역의 아동·청소년유해업소는 술

집, 호프집이 89.1%로 가장 많았다. 다음으로 커피숍, 카페, 다방 82.1%, 디스코텍, 나이트클럽 60.5% 순으로 나타났다. 김성수 외 (2000)의 전국 중·고·대학생들을 대상으로 조사한 「21세기 농촌 청소년 문제와 개선방안에 관한 연구」에 따르면 음주, 음란비디오 시청, 흡연, 음란사이트 시청, 도박·노름, 폭력행위, 성관계 등에서 대도시지역의 아동·청소년보다도 문제행동 경험이 많은 것으로 나타났다. 농어촌 아동·청소년들의 아동·청소년유해업소 출입을 보다 더 강력하게 단속·감시하고 농어촌지역의 아동·청소년유해 환경 정화방안 마련과 함께 인근 중·소도시 및 대도시와 연계하 여 아동·청소년유해환경 단속·감시 활동이 이루어져야 한다. 아 동·청소년에게 좋은 환경을 제공하는 아동·청소년이 살기 좋은 농어촌마을 만들기 사업이 병행되어야 한다.

2) 농어촌지역의 다문화 가정 및 다문화 아동·청소년 분야 정책과제

(1) 농어촌 다문화 아동·청소년들의 학교적응력 향상을 위한 학 습상담 및 진로탐색 프로그램이 개발 및 실시되어야 한다. 농 어촌 다문화 아동·청소년의 가장 큰 고민 및 걱정거리는 공 부·학업문제(25.8%)이다. 다음으로 직업이나 진로문제(16.1%) 순으로 나타났다.

(2) 혼혈인 및 외국인에 대한 사회적 편견과 문화적인 차이에서 오는 농어촌 다문화 아동·청소년들의 부적응문제를 해결하기 위한 문 화 간 교육 혹은 다문화교육 프로그램개발이 필요하다. 농어촌지 역 일반 아동·청소년의 54.9%가 혼혈인 및 외국인에 대한 사회

적 편견과 차별이 심하다고 응답하였다. 농어촌 다문화 아동·청
소년은 38.7%가 사회적 편견과 차별이 심하다고 응답하였다.

(3) 농어촌 다문화 아동·청소년을 위한 친구사귀기 및 또래집단과의
교류를 활성화시키기 위한 프로그램이 개발되어야 한다. 농어촌
지역 일반 아동·청소년의 62.6%가 현재 학교친구에 대해 만족
하고 있다. 농어촌 다문화 아동·청소년은 일반아동·청소년보다
훨씬 낮은 37.5%로가 만족하고 있는 것으로 나타났다. 농어촌 다
문화 아동·청소년의 6.5%만이 학교생활 중 친구와 놀기가 가장
재미있다고 응답한 반면, 농어촌지역 일반 아동·청소년은 30.8%
가 친구와 놀기가 가장 재미있다고 응답하였다.

(4) 농어촌 다문화 아동·청소년을 위한 학교폭력 예방교육 및 상담
활동이 강화되어야 한다. 농어촌 다문화 아동·청소년의 31.3%
가 학교폭력(왕따 및 폭행)의 경험이 있는 반면, 농어촌지역 일
반 아동·청소년은 5%만이 학교폭력에 대한 경험이 있는 것으
로 나타났다.

Ⅴ. 농어촌 아동·청소년의 미래

우리 농어촌은 자유무역협정(FTA)시대에 직면해 있고, 농어촌 총
각의 국제결혼과 다문화 가정의 증가 등으로 인해 농어촌환경은 물
론 농어촌 아동·청소년의 인식과 생활패턴에도 많은 변화가 예상되
고 있다. 지금까지의 우리나라 농어촌 아동·청소년에 대한 육성·

지원책은 국가청소년위원회나 농림부의 농촌진흥청 등 각기 조직이 추구하는 의도나 목표에 따라 다르게 적용되어 혼란이 초래되었다. 농어촌 아동·청소년육성정책의 방향은 주로 농업 인력의 확보와 영농승계 인력의 안정적 지원을 유도하기 위해서 농어촌 아동·청소년의 특수집단을 대상으로 영농부문에 국한되어 추진되어 왔다. 이로 인하여 농어촌 아동·청소년의 비영농부분에 대한 육성·지원책은 소홀히 다루어졌다. 농어촌지역이 도시지역보다 교육, 문화, 복지 등의 아동·청소년 관련 인프라 및 여건이 열악하기 때문에 도시지역의 아동·청소년에 비해 더 많은 관심과 정책적 지원을 받을 수 있어야 한다. 농어촌지역의 아동·청소년을 위한 각종 육성·지원책은 매우 부족할 뿐만 아니라 아동·청소년정책이 농어촌 및 농어촌 아동·청소년의 현실을 제대로 반영하지 못하고 있는 실정이다. 이 같은 농어촌 아동·청소년정책의 문제를 해결하고 향후 나아가야 할 정책방향을 제시하면 다음과 같이 나타낼 수 있다.

첫째, 지역과 직업기준에 따라 농어촌 아동·청소년의 개념 및 정책을 분리 적용하여야 한다. 농어촌 아동·청소년에 대한 개념 및 정책은 지역과 직업기준에 따라 분리하여 대상을 범주화하고 그 규정에 따라 차별화된 육성·지원책이 마련되어야 할 것이다.

둘째, 농어촌 아동·청소년의 비영농부분에 대한 아동·청소년 정책이 확대·강화되어야 한다. 앞으로의 농어촌 아동·청소년정책은 단지 영농부분에 국한되어 농어업의 안정적 인적 자원 확보라는 측면을 벗어나 비영농부분의 아동·청소년을 포함한 전체 농어촌 아동·청소년을 위한 육성정책과 방향이라는 차원에서 포괄적으로 이해되어야 할 것이다.

셋째, 농어촌 아동·청소년 중심의 아동·청소년정책이 수립·추진되어야 한다. 향후 농어촌지역의 아동·청소년을 위한 각종 시책과 대책은 도시 중심적 관점에서 벗어나 농어촌 및 농어촌 아동·청소년의 눈높이에 맞추어 수립·추진되어야 할 것이다. 우리 농어촌은 21세기가 요구하는 새로운 세계화(FTA시대), 지식정보화 사회를 맞고 있고 그동안의 정치·경제·문화·사회체계 내의 가치와 질서, 생활양식 등에서 엄청난 변화를 겪는 '문명사적 대전환기'의 시대에 살고 있다. 특히, 농어촌 총각의 국제결혼과 다문화 가정의 증가 등으로 인한 농어촌환경과 인적 구성의 급변 및 주 5일제 수업 등으로 농어촌 아동·청소년의 인식과 생활패턴 등에도 많은 변화가 예상되고 있다. 이러한 시대적 상황에서 우리 농어촌청소년정책도 지금까지의 정책을 보완하고 확충하는 수준에서 과감히 탈피하여 새로운 시각으로 청소년을 바라보는 정책대안 마련이 요구된다고 하겠다. 농어촌 청소년의 실태와 문제점을 조사·분석하고 이를 토대로 향후 농어촌청소년정책의 방안을 모색하는 데 그 목적이 있었다. 이를 위해 2007년 4월부터 5월까지 약 4주간에 걸쳐 영·호남지역에 생활하고 있는 청소년을 대상으로 영남지역에 600부, 호남지역에 600부를 각각 배부하였다. 회수된 질문지 가운데 무응답 및 자료로 이용하기에 부적절한 질문지를 제외한 총 1,026부를 분석 자료로 활용하였다. 본 연구를 통해 밝혀진 주요 결과를 제시하면 다음과 같다.

첫째, 농어촌에 대한 부정적인 태도개선과 농어촌 청소년의 의식변화가 이루어져야 한다. 농어촌 청소년들은 우리 농어촌에 대해 부정적인 인식과 태도를 가지고 있으며, 또한 한 지역에서 오래 살아 다양한 경험을 하지 못해 자신의 지역에 국한된 우물 안 개구리식의 좁은 안목과 소견을 가지고 있는 편이었다. 그러므로 도·농 간 격차문제를 해소하기 위한 농어촌개발방안과 함께 앞으로 계속해서 살고 싶은 미래 농어촌에 대한 밝은 청사진을 제시하고 농어촌 청소년의 부정적인 인식과 태도를 변화시킬 교육 방안이 마련되어야 한다. 특히, 장기적인 안목과 식견을 넓혀 줄 수 있는 다양한 체험 및 의식변화 프로그램이 절실히 요구된다.

둘째, 주 5일 수업제에 따른 농어촌 청소년의 맞춤형 여가활동 프로그램 개발과 만족도를 증진시켜야 한다. 농어촌 청소년의 문화여가생활에 대한 만족도는 전반적으로 매우 낮은 수준이었다. 따라서 농어촌 청소년의 문화여가활동을 활성화시키고 그에 대한 만족도를 높이기 위해서는 양질의 다양한 여가활동 프로그램의 개발과 더불어 여가시설 확충 방안이 마련되어야 한다. 특히, 주 5일 수업제 실시에 따른 농어촌지역의 여가시설자원의 활용방안과 함께 맞춤형 농어촌 청소년 여가활동 프로그램개발이 무엇보다도 절실히 요구된다. 또한 여가활동이 주로 TV나 비디오 등의 매스컴 이용에 편중되는 것을 막기 위한 올바른 여가생활지도가 필요하다.

셋째, 농어촌 청소년의 청소년활동 활성화 및 교류활동을 증진시켜야 한다. 농어촌 청소년들의 청소년활동 참여는 전반적으로 저조한 수준이었다. 농어촌 청소년의 경우 국제교류활동과 청소년인권활동, 모험개척활동이 매우 저조하였다. 이를 해결하기 위해서는 농어촌 청소년들의 자발적인 참여를 통한 청소년활동 활성화 방안마련이 필요하다. 글로벌화 시대 농어촌 청소년들이 가장 해 보고싶은 문화여가활동이 여행하기인 점과 가정의 경제적 형편 등의 이유로 인해 국제교류활동에 참여율은 낮다. 참여하게 되면 만족도가 높다는 점을 고려할 때 농어촌 청소년을 위한 다양한 청소년교류활동 프로그램 개발과 함께 보다 많은 참여 기회를 제공할 수 있는 지원책이 마련되어야 한다.

넷째, 농어촌 청소년의 학업 및 진로상담교육의 강화와 상담시설을 확충하여야 한다. 농어촌 청소년들은 학업 및 진로문제로 가장 크게 고민 걱정하고 있었지만 상담시설의 이용도는 매우 낮은 수준이었다. 공부·학업문제와 직업·진로문제로 인한 농어촌 청소년의 고민이나 스트레스를 풀어줄 학업 및 진로상담교육의 강화와 함께 다양한 진로탐색프로그램의 개발 및 상담시설 확충 지원방안이 마련되어야 한다.

다섯째, 우수교사 확보와 농어촌 청소년의 학교생활에 대한 만족도를 증진시켜야 한다. 이를 위해서는 양질의 교육서비스를 제공할 우수교사 유치와 더불어 학교시설 확충 및 지원방안이 마련되어야 한다.

참고문헌

국가청소년위원회, **청소년정책자료**, 2006. 11.

국가청소년위원회, **청소년백서**, 2006.

국가청소년위원회·한국청소년상담원, **다문화가정청소년연구**, 2006.

교육인적자원부, **2007년도 다문화가정 자녀 교육지원 계획**, 2007. 5.

교육인적자원부, **다문화가정 자녀 교육지원 대책**, 2006.

권일남, 주 5일제 시대의 농촌지역 청소년복지를 위한 방과 후 활동프
로그램 실태파악과 정책적 지원방안, **제4회 농어촌청소년 복지
증진을 위한 포럼**, 농어촌청소년육성재단, 2005.

김경준, 농어촌청소년 복지정책 평가 및 프로그램 개발, **제4회 농어촌
청소년 복지증진을 위한 포럼**, 농어촌청소년육성재단, 2005.

김성수 외, **21세기 농촌청소년 문제와 개선방안에 관한 연구**, 한국청소
년개발원, 2000.

김순홍 외, **한국청소년의 삶과 의식구조**, 한국사회조사연구소, 2004.

________, **청소년종합실태조사**, 광주사회조사연구소, 2000.

김영순 외, **천안시 청소년 문화의식에 대한 실태조사 보고서**, 충청남도
청소년종합센터, 2005.

김진선, **새농어촌 건설운동**, 대희출판사, 2006.

농촌개발연구회, **농촌개발론**, 형설출판사, 1995.

박진규, **청소년문화**, 학지사, 2003.

우룡, 다문화청소년의 실태와 문제점, **다문화가족 실태와 청소년정책
방향**, 평택대학교 다문화가족센터, 2007.

우룡, **평택시 청소년 자원봉사활동 실태조사**, 평택청소년문화센터, 2002.

______, **평택시 청소년의 생활시간 및 여가생활 실태조사**, 평택시청소
년상담실, 1999.

왕인근, **농촌사회학개론**, 박영사, 1993.

이장현·우룡, **평택시 청소년수련관 활성화 방안**, 평택청소년문화센터, 2002.

이종원 외, **전국 청소년 생활실태 조사연구**, 한국청소년개발원, 2000.

정하성·우롱, **다문화가정 청소년의 사회적응 실태 및 사회적응 프로그램 개발방안**, 한국청소년정책연구원, 2007.

정하성 외, **신청소년문화론**, 21세기사, 2006.

청소년활동통계, **2007년 청소년수련시설현황 유형별**, 2007.

청소년활동통계, **2007년 청소년수련시설현황 지역별**, 2007.

청소년활동통계, **2007년 청소년수련시설 연간이용자현황**, 2007.

최재률, **농촌사회학**, 유풍출판사, 2001.

통계청, **장래인구 특별추계 결과**, 2006. 11.

통계청, **인구총조사**, 2005.

통계청, **2005년 혼인·이혼통계결과**, 2006. 3.

통계청, **2006년 사회통계조사 결과(가족, 보건, 사회참여, 노동부문)**, 통계청(2005), **2005 농림어업총조사 지역조사**, 2006. 12.

통계청, **2005 인구주택총조사보고서**, 2005.

한국교육개발원 교육통계센터, **2005년 초중등 지역별 기본통계**, 2005.

한국4－H본부, **2004 농어촌청소년백서**, 2004.

홍동식, **농촌사회학의 이해**, 법문사, 1989.

행정자치부, **행정자치통계연보**, 2006.

국가청소년위원회, 청소년정책자료, 2006. 11.

국가청소년위원회, 청소년백서, 2006.

국가청소년위원회·한국청소년상담원, 다문화가정청소년연구, 2006.

교육인적자원부, 2007년도 다문화가정 자녀 교육지원 계획, 2007. 5.

교육인적자원부, 다문화가정 자녀 교육지원 대책, 2006.

권일남, 주 5일제 시대의 농촌지역 청소년복지를 위한 방과 후 활동프로그램 실태파악과 정책적 지원방안, 제4회 농어촌청소년 복지증진을 위한 포럼, 농어촌청소년육성재단, 2005.

김경준, 농어촌청소년 복지정책 평가 및 프로그램 개발, 제4회 농어촌청소년 복지증진을 위한 포럼, 농어촌청소년육성재단, 2005.

김성수 외, 21세기 농촌청소년 문제와 개선방안에 관한 연구, 한국청소년개발원, 2000.

김순흥 외, 한국청소년의 삶과 의식구조, 한국사회조사연구소, 2004.

김순흥 외, 청소년종합실태조사, 광주사회조사연구소, 2000.

김영순 외, 천안시 청소년 문화의식에 대한 실태조사 보고서, 충청남도
　　　　청소년종합센터, 2005.
김진선, 새농어촌 건설운동, 대희출판사, 2006.
농촌개발연구회, 농촌개발론, 형설출판사, 1995.
박진규, 청소년문화, 학지사, 2003.
우룡, 다문화청소년의 실태와 문제점, 다문화가족 실태와 청소년정책
　　　　방향, 평택대학교 다문화가족센터, 2007.
우룡, 평택시 청소년 자원봉사활동 실태조사, 평택청소년문화센터, 2002.
우룡, 평택시 청소년의 생활시간 및 여가생활 실태조사, 평택시청소년상담
　　　　실, 1999.
왕인근, 농촌사회학개론, 박영사, 1993.
이장현·우룡, 평택시 청소년수련관 활성화 방안, 평택청소년문화센터, 2002.
이종원 외, 전국 청소년 생활실태 조사연구, 한국청소년개발원, 2000.
정하성·우룡, 다문화가정 청소년의 사회적응 실태 및 사회적응 프로그
　　　　램 개발방안, 한국청소년정책연구원, 2007.
정하성 외, 신 청소년문화론, 21세기사, 2006.
청소년활동통계, 2007년 청소년수련시설현황 유형별, 2007.
청소년활동통계, 2007년 청소년수련시설현황 지역별, 2007.
청소년활동통계, 2007년 청소년수련시설 연간이용자현황, 2007.
최재률, 농촌사회학, 유풍출판사, 2001.
통계청, 장래인구 특별추계 결과, 2006. 11.
통계청, 인구총조사, 2005.
통계청, 2005년 혼인·이혼통계결과, 2006. 3.
통계청, 2006년 사회통계조사 결과(가족, 보건, 사회참여, 노동부문), 2006. 12.
통계청, 2005 농림어업총조사 지역조사, 2005.
통계청, 2005 인구주택총조사보고서, 2005.
한국교육개발원 교육통계센터, 2005년 초중등 지역별 기본통계, 2005.
한국4-H본부, 2004 농어촌청소년백서, 2004.
홍동식, 농촌사회학의 이해, 법문사, 1989.
행정자치부, 행정자치통계연보, 2006.

제2장

우리나라 청소년복지의 현실과 발전과제

＃ Ⅰ. 청소년복지의 현실

청소년이 변동하는 미래사회를 선도하면서 자아를 실현해 갈 수 있는 행복한 삶을 구현해 가기 위해서는 이들에 대한 사회적 노력을 전제로 한 이해가 필요하다. 미래사회에 대한 예측의 불확실성이 증대되고 현실 사회구조의 역기능과 문제는 비교육적 환경을 만연시키고 있기 때문이다. 이것은 청소년의 다양한 욕구와 혼란한 가치를 더욱 복잡하고 어렵게 만들어 가는 요인이 되고 있다. 현실사회에서 제기되고 있는 청소년 문제의 심각성을 외면할 수 없기 때문에 청소년 복지차원에서 대안모색이 요구되고 있다. 청소년을 올바르게 이해하고 자유권과 복지권을 포함하는 행복권을 위해서는 그들의 노력보다 기성세대와 국가적·사회적 노력이 우선적으로 선행되어야 한다. 여기에는 정책, 교육, 문화, 환경, 경제, 사회 등의 다양한 수단에 의한 접근 및 법과 제도의 뒷받침이 수반되어야 한다.

우리나라의 청소년 이해에 대한 수준은 매우 낮아서 세대 간 갈등을 해결하기 어렵고 그들의 특성과 문화를 수용하지 못하고 있다. 청소년의 몰이해는 복지목표의 구현을 위한 다양한 방법을 요구하고 있는 현실을 외면하게 된다. 특히 J. J Rousseau의 저서 Emile에서 나타난 교육철학인 아동과 청소년은 성인의 축소판이 아닌 그들 특유의 감정과 사고방식을 지닌 개체로 보아야 된다는 주장의 수용이 타당한 현실과 배치된다.

청소년을 독립인격체로 이해하지 않을 경우 청소년 인권, 자유권, 선택권, 복지권을 보장해 주며 유지할 수 없다. 그간 우리나라는 청소년복지에 대한 학문적 연구 기간이 짧고 접근하는 방법이 소극적이며 협의적으로 이루어져 주로 문제청소년에 대한 지도에만 관심을 두어 왔다. 이제는 청소년에 대한 이해가 사회학, 심리학, 교육학의 기초 위에서 다인적 학문으로 접근과 다양한 시각에서 논의되어야 할 때이다.

청소년 헌장에서 나타난 것을 보면 청소년을 보는 시각이 보호, 선도, 교화의 대상이었고, 이것이 청소년 정책에 그대로 반영되어 오다가 1998년 청소년기본정책을 건강, 육성, 참여로 바꾸었다.[1] 이는 특수청소년을 포함한 다수의 일반 청소년 중심으로 시각변화를 시도한 것으로 볼 수 있다. 청소년 복지문제를 정책적, 사회적, 세대적, 환경적인 측면에서 제기해 본다. 첫째, 청소년 정책적 측면에서 볼 때 청소년 기본법은 청소년 복지를 청소년 육성을 위한 하나의 수단과 방법으로 보고 있으나 청소년 복지를 위한 수단과 방법의 하나가 육성이어야 한다는 인식의 전환이 요구된다. 청소년 헌장과 기본법의 시각 차이와 모순은 하루빨리 극복하여야 할 문제이다. 청소년에 대한 관심과 법 제도를 만든 기간이 너무 짧았고 청소년복지의 개념이 정립되지 않았으며 관련 학문의 미발달에 따른 산물로 볼 수 있다. 서비스의 지원이 필요한 소수의 특수 청소년과 건전한 대다수의 일반 청소년[2]을 위한 노력이 청소년 복지차원에서

---

1) 문화관광부, 새로운 청소년 헌장이야기, 1998, p.3.
2) 본고에서 특수 청소년이라 함은 비행청소년, 소년소녀가정, 문제청소년 등 요 보호 청소년을 비롯한 학습부진 청소년 등 서비스의 지원이 필요한 청소년을 칭하고 일반 청소년은 건전한 생활을 영위하고 있는 보통 청소년을 의미한다.

논의되어 적절하고 효과적인 방안을 마련하는 일이 중요하다. 둘째, 사회적인 측면에서 볼 때 청소년은 스스로 성장되어 가는 것이고 알아서 할 일이라는 잘못된 인식으로 청소년복지에 대한 관심과 참여가 매우 부족한 현실이다. 청소년문화 역시 불모지와 같은 상태로서 말만 무성하고 실체와 건전한 육성이 미비하다고 볼 수 있다. 셋째, 청소년과 기성세대의 입장에서 볼 때 상반된 요구와 갈등관계를 유지하고 있다. 양 세대가 함께 청소년 복지를 논하고 생각할 수 있는 여건이 마련되지 않아 사회적 노력을 기대할 수 없다. 넷째, 환경적인 측면에서 볼 때 교육적 환경이 부족하고 비교육적 환경이 많아 생활환경을 긍정적으로 선택할 수 있는 기회가 없어 청소년 복지를 위협하고 있다.

여기에서는 청소년 복지에 대한 전반적인 이해를 바탕으로 청소년 관련 문헌과 연구논문 및 청소년 백서, 청소년 관련 사이트의 보고서를 활용하여 청소년 복지의 현실을 탐색하여 분석하고 발전 과제를 제시하기로 한다. 청소년의 복지권리와 사회적 역할 및 현실책임의 위기상태에서 발전방안을 찾아본다.

열악하고 미정립된 청소년복지의 현실을 파악하여 발전방향을 모색하는 일은 매우 중요하고 시급한 일이기 때문이다. 본고에서는 청소년복지의 접근을 청소년 이해[3]의 전제 아래 정책과 사회적 노력, 세대와 환경적인 측면에서 살펴보고자 한다. 문제청소년을 포함한 대다수 건전 청소년의 삶의 질 향상을 위한 총체적 노력이라는 차원에서 발전과제와 대안을 모색하는 데 목적이 있다. 그러나

---

3) 청소년을 이해하기 위해서는 청소년비행현상과 사회관계에 초점을 둔 사회학, 성장과 발성 특성을 강조하는 심리학, 청소년문화를 강조하는 교육학의 상호통합적 접근이 필요하다(권이종, 청소년교육개발, 서울: 교육과학사, 2001, pp.44 - 45).

이를 충족시키지 못하는 한계와 현실이 있음을 부인할 수 없다.

Ⅱ. 청소년복지의 접근

1. 청소년복지의 역사적 이해

우리나라는 아직 청소년 복지에 대하여 합의되거나 개념화된 정의가 없어 청소년 복지를 논할 때에 어려움을 많이 겪고 있다. 그러나 한국 사회에서 청소년 복지와 관련된 부분을 역사 속에서 찾아보는 일은 의미 있는 일이고 미래 지향적 개념을 정립하는 데 기여할 수 있다. 청소년 복지의 고전적 시원을 찾는 일은 인간의 공동체 생활이 시작된 원예초창기시대부터 생각할 수 있으나 국가 차원의 시작은 신라 제3대 유리왕 5년(서기 28년)에 관가에서 병든 사람을 비롯하여, 자활하지 못하는 사람과 함께 고아들에게 식량을 지급하였다. 백제시대 때는 온조왕 33년(서기 15년)에, 고구려는 태조왕 56년(서기 108년)에 재해를 당한 사람들 속에 청소년을 포함하여 관곡(官穀)을 배급하였다. 고려시대에는 불교가 융성함에 따라 불교의 기본정신인 자비사상에 입각하여 고아 및 기아와 빈곤아동들을 사찰에서 위탁형태로 보호해 주었다. 제6대 성종 13년(서기 994년)에는 고아에게 10세까지 식량을 지급하였고 그 후에는 원하는 곳에 거주하도록 하였다. 고려시대 때는 엄격한 신분제도와 계급사회가 유지되었으므로 고아들의 수양을 거의 대부분 입양가의 노비로 삼는 경우가 많았다. 이로 인하여 고아의 민가수양을 빙자하여 인신매매와 유괴 및 약탈 등이 성행하는 문제를 낳았다.

조선시대에는 고아와 기아 및 빈곤아동에 대한 법령을 제정하여 제22대 정조 7년(서기 1783년)에 자휼전칙(字恤典則)이라는 유기·부랑 걸식아동 보호령을 공포하여 흉년이 들어 기근이 심할 때 유기를 당한 어린이나 극빈아 및 부랑아를 관가에 유양하거나, 민가에 수양을 허가하는 법을 시행하였다. 1883년 우리나라 최초의 고아원이 생겼고 일제강점기에는 23개소의 육아시설에서 2,192명의 아동을 수용하였다. 1961년 미성년자 보호법과 아동복리법 및 보호시설에 있는 고아의 후견직무에 관한 법률과 고아입양특례법의 제정을 우리나라 청소년복지의 제도적인 출발로 볼 수 있다. 그 후 1964년에 중앙청소년보호 대책위원회가 설치되었고, 1987년에는 청소년육성법이 제정되었다. 1991년 청소년기본법이 제정되어 부족하고 협의적이기는 하나 정책과 제도적 차원에서 청소년복지를 접근하게 되었다. 1980년대 이후 학자의 관심영역과 전공분야에 따라서 청소년복지에 대한 정의와 개념을 정립하려는 노력을 기울여 왔다.

2. 청소년복지의 개념적 이해

청소년 복지 시책의 기본이 되는 개념정의는 중요한 일이나 아직까지 논란과 부족한 연구 속에 정립되지 못하고 있어 청소년 복지에 대한 적극적인 연구가 절실하다.

우리나라에서 최초로 청소년복지에 대한 개념을 정의한 정하성 교수는 청소년복지를 청소년들에게 필요한 정신적, 윤리적, 사회적 발전의 기회를 제공하기 위한 제반 환경시설 조성과 교육과 사회적 노력[4]이라고 육성차원에서 설명하였다. 조영승 교수는 청소년육성에 있어서 청소년복지란 청소년의 도덕적 능력함양에 영향을 미치는 기본적 욕구를 충족게 하고 사회적 위험(장애, 빈곤, 불우한 가정 등)을 해소하게 하기 위해서 정신적, 신체적, 물질적 요소를 지원하는 사회적 기능으로,[5] 장인협 교수는 청소년복지를 아동복지와 동일하게 보고 있으며 보호를 필요로 하는 청소년에 대한 서비스 지원을[6] 주장하고 있다. 표갑수 교수는 시설중심의 요 보호 청소년을 대상으로 전개되는 치료적 대책 차원[7]으로 보고 있다. 송정부는 청소년 복지는 청소년의 생존권이 보장되어 사회적으로 편안히 잘 지내는 상태가 될 수 있어야 한다[8]고 주장하고 있다. 김현주 교수는 청소년복지를 사회학적 관점에서 접근하고 있다. 사회복지제도를 기능주의 관점에서 볼 때 사회통합과 질서 유지 달성으로 보며 갈등주의적 관점에서 사회연대타협의 달성으로 보고 있다. 전자는 민간의 자발적 원조활동의 수행이며 후자는 정부의 강제적이고 법적인 활동에 의해 수행된다. 이 외에도 많은 학자들이 청소년복지에 대한 다양한 접근을 통하여 개념을 정리하고 있으나 이들 대부분은 사회복지 전공자로 청소년복지를 소극적이고 협의적이며 부분적으로 보는 한계성을 지니고 있다. 아직도 청소년복지를 문제

---

4) 정하성, 청소년복지론, 서울: 홍문당, 1985, p.131.

5) 조영승, '청소년육성정책' 청소년학 총론, 서울: 양서원, 1999, p.379.

6) 장인협 · 오정수, 아동 · 청소년복지론, 서울: 서울대학교출판부, 2000, p.19.

7) 표갑수, 아동청소년복지론, 서울: 나남출판사, 2002, p.67.

8) 송정부, '지역사회의 청소년 복지 대책' 밝은 사회, 건전한 청소년, 서울: 체육청소년부, p.565.

청소년, 소외청소년 등 요 보호 청소년에 대한 지원으로 인식하고 있는 사람이 많은 현실이다. 청소년 복지를 사회복지의 일부분으로 이해하는 것보다 독립된 독자 복지영역으로 보는 시각변화가 필요하다. 사회복지는 인간의 욕구에 대한 서비스를 제공하는 것으로 현실의 사회 구조와 현상에 적응하는 것을 돕는 것이므로 문제 청소년을 중심으로 결핍요인에 대한 지원이라는 차원으로 이해해서는 한계가 있으며 문제가 많기 때문이다.

청소년은 미래지향성, 개성과 소질, 다양성, 무한한 잠재력, 변화의 과정이라는 특성을 가지고 있는 존재이기에 그들과 함께하는 사회적 노력이 요구되고 있다. 청소년의 욕구와 소망, 기성세대가 만들어 놓은 윤리규범과 육성 목표를 공동으로 달성하기 위해서는 상호간의 노력을 통하여 공통영역을 넓혀 가는 것이 청소년 복지를 위한 사회적 노력이다. 청소년복지는 잔여적 복지 개념에서 제도적 개념으로 변화를 지향하고 있으며 여기에 전체 청소년에 대한 총체적 노력이라는 차원에서 논의되어 가야 한다. 청소년복지는 청소년의 인간적·사회적 욕구를 충족시키는 청소년의 사회적 권리와 무관할 수 없으므로9) 이의 관련성이 강조되어야 한다. 청소년복지욕구에 근거하여 이의 충족을 위한 청소년과 사회구성원의 함의가 필요하다.

3. 청소년복지의 제도적 이해

우리나라가 청소년에 대한 사회 국가적 책임을 인식하고 정책적

---

9) 김현주, '청소년과 사회' 청소년학 총론, 서울: 양서원, 1999, p.265.

으로 다루어진 것은 1991. 12. 31 법률 제4477호로 제정된 청소년기본법에서부터 시연을 찾을 수 있다. 국가차원에서 정책으로 다루어진 것은 1990년대 이후이다. 국가는 인구학적으로 볼 때 전체 인구의 ⅓을 차지하고 있는 청소년의 인적 자원 개발을 통한 국가경쟁력 확보를 위해 청소년 육성의 중요성이 제기되었으며 사회문제가 청소년과 결부되는 경우 비행의 증가[10] 현상을 더 이상 외면할 수 없었다.

청소년기본법에서 청소년육성의 하위개념으로서의 청소년복지를 개념화하는 데 비해 청소년복지전문가 집단은 보다 포괄적인 개념으로 청소년복지를 이해하는 경향을 보이고 있다. 청소년 기본법에서는 청소년복지의 범주를 청소년에 대한 교육, 직업훈련, 수련활동 등의 시책과 함께 청소년 관련 매체에 대한 지원, 청소년유해요인 정비, 청소년의 비행예방 등을 포함하고 있다. 정책기관과 사회복지전공자들은 청소년복지 활동을 청소년들의 기본적 욕구를 충족시키며, 그들의 정신적·정서적·신체적인 발달을 기하기 위하여 청소년들에게 직접적 또는 간접적으로 제공되는 모든 사회제도적·전문적 활동으로 범주화시키고 있다. 청소년 복지의 제도적 이해는 개념정립과 함께 대상 및 내용을 새롭게 범주화시키고 체계화시켜 가야 할 때이다.

4. 청소년복지의 일반적 이해

청소년의 다양화와 이질성이라는 특성 속에 기성세대로부터 간

---

10) 한국청소년개발원, 지방자치제하 청소년 행정체계의 활성화 방안, 서울: 한국청소년개발원, 1992, p.1.

섭과 통제를 받는 가운데 긍정과 부정의 두 가지 요소를 수용하면서 생활하고 있으므로 이의 통합을 위한 노력이 요구된다. 이런 시각에서 청소년 복지의 일반적인 특성을 접근해 갈 필요가 있다. 청소년복지를 보편적으로 사회 문화적 배경을 가족적 측면과 사회적 측면으로 구분하여 설명하고 있는데 전자는 핵가족화와 여성취업으로 인한 가정양육기능 약화, 이혼율 증가로 빚어지는 가족 해체, 청소년 가장 증가 및 미혼모와 그 자녀에 대한 문제의 확산이다. 후자는 문화가치의 상실과 환경 파괴 및 고식적 교육환경 문제[11]로 제기하고 있는데 이는 미시적 접근으로 볼 수 있다. 청소년의 자유권과 행복권에 대하여 관련된 요인의 제공이 절실하다는 인식 속에서 청소년 복지의 일반성을 이해해 가야 한다.

청소년복지는 국가와 사회 차원에서 정책적이고 사회적인 노력을 필요로 하며 국민적 관심이 높아질 때 향상될 수 있다. 모든 청소년이 건전하게 성장할 수 있도록 가정과 학교, 직장, 사회 등 생활환경과 여건을 조성해 주고 욕구를 충족시켜 주며 이에 반하는 장애 요소와 위험 요소를 제거하여 보호해 줌으로써 청소년이 자아를 실현해 갈 수 있도록 촉진시켜 주는 총체적 노력을 청소년복지로 인식하고 필요성을 제기하는 일이 필요하다. 청소년복지는 문제청소년과 요 보호 청소년을 포함한 모든 청소년이 자유권, 행복권, 복지권, 선택권을 향유하며 미래 사회의 선도적 역할을 통하여 자아를 실현해 가는 데 있으므로 필요하며 절실하다. 이러한 권리는 우선 청소년의 욕구충족에서 비롯된다고 볼 수 있다.

---

11) 김성이, ‘청소년복지의 개념과 의의’ 청소년복지론. 서울: 한국청소년개발원, 1993, pp.7 - 11.

〈표 2-1〉 인간의 욕구영역

C. Alderfer	Maslow	성규탁	Gil	Schilling의 청소년 욕구
생존 욕구	생리적인 욕구	적절한 소득과 경제적 기회 욕구	소득	육체
관계 욕구	안전에 대한 욕구	적절한 보건	주택·보호처	느낌과 의지
	애정의 욕구	적절한 조직체를 통한 활동	고용	사고와 이해
성장 욕구	존경 및 긍지에 대한 욕구	개인적 사회적 적응과 개발	건강	행동과 활동력
	자아실현 욕구	적절한 지식과 기능	정신건강	공동·또래집단
		기본적인 물질적 욕구	사회적 욕구	판단·평가
			여가선용	
			일상적 활동	
			이동수단	
			법적 욕구	
			교육	

Alderfer가 주장한 세 단계의 욕구인 생존욕구, 관계욕구, 성장욕구를 청소년 복지욕구로 수용하여 이의 충족을 위한 노력이 필요하다. <표 2-1 참고>

이는 첫째, 생존욕구는 의·식·주, 건강·의료, 경제, 둘째, 관계욕구는 가정, 학교, 친구, 지역사회에서의 대인관계, 셋째, 성장욕구는 자아, 교육, 직업, 문화·여가활동이다.[12] 청소년복지가 청소년의 욕구에 대한 서비스이고 문제에 대한 대책이라고 볼 때 한국 청소년에게 필요한 복지는 청소년의 욕구와 문제에 상응하는 것이어야 한다.[13] 이러한 욕구 수용이 청소년 복지라고 말할 수는 없으나, 이의 전제 아래 청소년 복지를 접근해 가는 것이 바람직하다. 청소년의 욕구는 행복권 및 선택권과 밀접한 관련이 있으며 청소

---

12) 한국청소년개발원, 소외청소년의 복지욕구조사(Ⅰ) 2001, pp.32-33.
13) 이용교 외, 청소년문제와 청소년 복지, 서울: 인간과 복지, 2002, p.24.

년의 동의와 수용, 사회의 요구와 통제가 조화를 이루는 가운데 충족될 수 있도록 노력을 기울여 가야 한다. 이것은 가장 기본이 되는 인간 삶의 요소가 되기 때문이다.

Ⅲ. 청소년복지의 현실과 문제

1. 청소년복지의 현실

청소년복지의 현실은 총체적으로 매우 열악한 실정이라고 말할 수 있다. 소외청소년을 비롯하여 문제 청소년에 대한 교화 노력과 결핍 요소의 지원이 부족하며 건전 청소년의 욕구 충족과 건전한 성장을 통한 삶의 질이 매우 낮다. 청소년복지는 청소년을 둘러싼 부정적 환경을 긍정적 환경으로 전환시켜 주고, 왜곡된 사회화를 바로잡아 청소년문제를 미연에 예방하거나 기존의 문제청소년 혹은 요 보호 청소년에 대한 치료나 교정을 통해 청소년문제를 해결함으로써 사회적 통합을 이루어 내는 것을 포함하여 일반청소년의 자유권과 행복권 향상을 위한 종합적 노력을 목적으로 볼 수 있다.

긍정적 환경의 조성에는 청소년을 둘러싼 유해한 환경의 개선과 사회 문화적 환경 및 교육환경의 개선이 포함되어야 한다. 청소년의 왜곡된 사회화를 막고 정상적인 사회화(normal socialization)를 도모하기 위해 청소년 개개인의 특성별로 처해 있는 상황을 고려해서 구체적인 노력을 기울여야 한다. 학생청소년을 위한 학교사회사업, 실직청소년을 위한 고용안정사업, 비행청소년과 불우한 청소년을 위한 교정사회사업 및 시설보호사업도 필요하지만, 더 중요한 것은 일반청소년의 자유권과 행복권을 증진시키려는 사회적 노력이다. 물론 청소년 폭력, 가출, 미혼모, 탈선행위, 자살 등 비행청소년에 대한 원인규명과 치료대책 그리고 예방적 노력이 부족한 것도 사실이다. 청소년 복지는 모든 청소년이 심신의 불안전한 상태를 극복하고 정상적인 삶을 통한 자아실현과 이상추구라는 질 높은 삶을 향상시켜 주어야 한다. 우리의 현실을 볼 때 가정환경, 학교수업 및 진학제도, 여가 시간활동 등에 사회적 불안정요소가 너무 많고 청소년의 주체적 요구에 대한 수용이 대부분 외면되고 있어 문제이다.

조흥식 교수는 청소년복지에서 실질적 서비스를 제공할 때에 청소년 개인보호 측면과 전체 가족의 유지 측면 간의 균형, 보편주의와 선정주의 간의 균형, 재가(in – Home)와 외부(out – of – Home)의 균형, 전문주의(professional)와 일반주의(lay contributions)의 균형, 예방 대 치료 간의 균형을 고려하여야 한다고[14] 주장하고 있으나 청소년과 합의된 내용의 균형이 자유로운 선택권으로 제공되어야 한다. 청소년 복지의 주체적 대상은 모든 청소년이기 때문이다.

청소년 복지의 현실문제를 살펴보면 가정의 안정과 사회화 기능의 약화와 과중한 학습과 획일적인 수업방식 및 경쟁 위주의 입시제도는 학교폭력유발과 학생불안을 야기하고 있다. 청소년 여가문화시설도 너무 부족하다. 우리나라에는 현재 640개의 청소년수련시

---

14) 조흥식, '청소년학의 정체성확립을 위한 청소년 복지의 과제' 〈청소년학 연구〉 제6권 2호, 한국청소년학회, 1999, pp.5 – 6.

설[15)이 있는데 이는 외국에 비하여 너무 적은 것으로, 청소년 2만 3,000명 당 1개소 꼴이다. 청소년 여가문화시설의 부족은 청소년 폭력과 스트레스를 유발시키는 요인이 되고 있음을 지적할 때 시설확충은 당면과제이다.

청소년복지에 대한 소극적이고 협의적인 접근은 다양한 청소년의 욕구를 충족시키지 못하여 행복권 추구의 장해 요인이 되는 문제를 발생시킨다. 심각한 개인주의와 공동체의식의 희박성은 청소년에 대한 무관심과 외면을 극대화시켜 이들을 위한 사회적 노력이 부족한 실정이다. 청소년 사업관련 예산, 전문인력, 프로그램 부족을 비롯한 정책부재를 지적할 수 있다. 정책결정과정에 진정한 청소년 참여가 배제되고 욕구가 무시되고 있는 현실은 우리나라의 청소년 복지실정을 대변하는 단면이기도 하다. 청소년복지정책의 통합적 접근이 이루어지지 않고 있어 각 부처마다, 지방자치단체마다, 청소년단체마다 제각기 연계와 협조 없이 비효율적으로 이루어지고 있다.

대다수 일반 청소년의 인권문제와 건강 및 전인교육의 부재는 우려의 정도를 넘고 있다. 우리나라의 청소년복지 증진을 위한 효율적인 정책 수립의 빈곤은 부인할 수 없는 현실이다. 문화관광부가 청소년 정책의 주관부처이나 직급이 낮고 제도적 모순 때문에 다른 부처와 업무협조의 공조와 조정이 잘 이루어지지 않고 있다.[16)

청소년 업무의 정책적 조절은 한정된 자원과 시간을 효율적으로 활

---

15) 2002년 1월 말 현재 문화관광부 통계이다.

16) 문화관광부 청소년국장이 실질적인 청소년 업무 책임자이나 직급이 이사관(2급)이며 문화관광부가 체육·문화 업무에 주력하다 보니 문화관광부장관과 청소년 정책을 조율할 기회가 매우 적은 현실이다.

용할 수 있기 때문에 중요한 의미가 있다. 현실적으로 우리 사회의 인적·물적 자원은 청소년의 욕구를 충족시키기에 부족하여 결핍은 언제나 존재하기 마련이다. 욕구의 결핍상태라고 할 수 있는 고통을 제거하여 기쁨을 증대시키는 것이 바람직하다는 입장이 사회복지정책의 욕구이론이 추구하는 방향이다. 욕구의 충족이 많을수록 좋지만, 자원의 제약으로 인하여 욕구 충족의 한계를 설정할 수밖에 없게 된다. 청소년복지의 출발은 인권과 행복권 추구에 필요한 욕구충족에서 비롯되며, 저단계의 욕구에서 삶의 질 향상이라는 고단계의 욕구 실현으로 이동시키려는 노력이 이루어져야 한다. 궁극적으로 청소년의 행복과 자아실현에 기여할 수 있어야 되기 때문이다.

2. 특수 청소년의 복지 실태

우리나라에서 청소년 복지 정책으로 추진하고 있는 특수 청소년 중심의 실태를 다음과 같이 설명할 수 있다. 가정교육 기능을 강화시키고 사회환경을 개선하며 가정의 교육기능 강화를 위한 사업을 추진하고 있다.

부모의 역할에 대한 교육 강화사업을 실시하고 있으나 현실적으로 매우 미흡하여 한국청소년상담원 조사 결과를 보면 부모로서 지식과 자질구비가 충분하다는 사람은 7.6%에 불과하다. 부모교육특강 및 프로그램 운영 사업은 1993년에서 2002년까지 10년 동안 약 20만 명의 부모를 대상으로 교육을 실시하였고 부모교육 교수요원 양성과 위촉을 500명(2002년 12월 말 현재)에게 하였다. 교수요원을 통한 부모교육은 2002년에는 200여 회에 걸쳐서 1만 명의 부모대상 교육을 실시하였다. 학부모회를 운영하여 가정의 교육력을 제고시키고, 지역사회 교육 시범학교를 운영하며, 명예교사, 마을교사 등을 위촉하여 운영하였다. 자녀교육지도자료를 2001년에는 20,000부를 발간하여 유, 초, 중, 고 교사 학부모에게 보급하였다.

이혼율이 증가하고 세대 간 갈등이 증폭되며 가정 내 폭력이 증가하는 문제가 가정에서 비롯되고 있다. 또한, 존속살해, 자녀 유기, 미혼모 증가, 청소년 가출의 증가, 근친상간의 빈번한 발생, 자살, 약물중독 등 수많은 문제들이 가정기능의 역할 약화로 인하여 발생된다. 이는 가족윤리관 부재에 따라 가정 기능이 제 역할을 다하지 못하기 때문이다. 현대 가정에 만연되어 있는 제반 가정문제를 미연에 방지하고 더 나아가 건전한 가정을 유지, 발전시키기 위해서는 새로운 가족규범 아래 가족의 역할을 강화시켜 가는 가정역할 증진사업이 추진되어야 한다.

사회환경개선을 위하여 학교주변 교육환경 개선사업으로 유해환경정비를 실시하여 학교 보건법상 이전 폐쇄 사업소는 19개 업종에 3,536개소(2002년 12월 말~현재)이며 학교주변 유해환경 정비대책으로 학교정화구역 유해업소 실태점검을 강화하여 이전 폐쇄 대상업소를 조치하고, 학교주변 유해환경 합동지도단속을 매월 1회 이상 실시한다. 학교주변쓰레기하치장 및 불법주차장을 일소하고, 건전놀이를 보급하고 있다. 학교주변에는 청소년의 정서에 악영향을 미치는 유흥업소, 러브호텔, 게임제공업소 등을 설치할 수 없도록 되어 있으나 현실적으로 법정거리를 벗어나면 제한할 수 없어서, 법정거리 내에서도 변태와 불법영업이 이루어지고 있어 청소년들의 탈선을 조장하고 있다. 2001년에 단속건수가 27,304 건에 이르고 있으나 철저한 단속이 이루어지지 않고 있는 실정이다.

학교폭력 문제가 최근 집단화·조직화·흉포화·저연령화되어 가고 있으며 또한 1994년에 비해 1998년에는 학교폭력이 557.8%나 급증하는 등 청소년 범죄의 증가가 심각한 사회문제로 등장하고 있다. 학교 폭력 등 청소년 문제는 단편적, 일시적, 산발적 대책으로는 근본적인 해결이 불가능하며 가정과 학교, 유관기관의 유기적이고 조직적인 공동대처가 필요하다.

자녀 안심하고 학교 보내기 운동은 청정한 풍토의 면학 분위기 아래 안심하고 학교에 다니면서 밝고 바르게 성장할 수 있도록 범죄와 유해환경으로부터 청소년을 보호하자는 운동이다. 민간자원봉사위원들과 함께 국민의 일상생활 현장에 접근하여 청소년들을 보호하며 선도하고 있다. 범죄예방활동과 비행소년 선도에 범국민적 참여 분위기 조성을 위하여 노력하고 있는 국가적 운동이 시행 중인 학교담당검사제·학교폭력전담반·학교폭력신고 전화운용 등 학교폭력 근절대책과 우범청소년 결연 사업 등 각종 청소년 선도시책들을 활용하면서 검찰 주도 아래 자원봉사위원중심의 청소년 보호운동을 전개하고 있다. 1997년부터 2001년 12월 말까지 추진실적은 전화신고 운용이 34,025건, 지도점검활동은 1,190,763회에 걸쳐 8,391,521명이 참가하였다. 청소년보호의 공감에 따른 청소년 유해환경 단속을 실시하여 유해사범을 117,072명 단속하였고, 가출청소년은 20,208명을 귀가시켰다. 청소년유해사범과 가출청소년은 체계적이고 전문적인 교화갱생프로그램 시행을 통하여 지도하여야 함에도 단순귀가조치나 경고 등에 그치고 있어 큰 효과를 기대할 수 없는 실정이다.

대중매체의 개선을 위해서 지상파 방송, 케이블TV방송, 위성 방송 매체의 지도단속과 방송내용개선을 위한 제도적 장치를 강화하였다. 방송 심의를 강화하고 있으나, 현실적으로 미흡한 실정이다. 음반과 게임물에 있어 청소년 관련 법률제도를 개선하고 있으나 제작과 유통 및 심의에도 아직 많은 문제점이 지적되고 있다. 인쇄매체단속을 위하여 한국간행물윤리위원회 심의실적은 21,331건이며 이 중 청소년 유해간행물결정은 2,386건이다.

청소년 유해환경정비를 위하여 청소년 보호법과 청소년 성 보호에 관한 법률을 적용하여 처벌하고 있으며 청소년 성 매수 대상 청소년의 선도를 실시하고 있다. 2001년 청소년유해사범 단속실적은 35,928명이며, 비행청소년 선도보호는 2001년에는 22,342명이고 유해업소단속실적은 6,127명이다. 청소년유해환경 감시단 활동은 감시순찰이 14,569회에 걸쳐서 130,544명이 참여하고 있다.

어려운 청소년지원사업으로는 저소득청소년에게 학비를 지원해 주고 있으며, 2002년에는 140억 200만 원을 중·고생 전체에게 입학금과 수업료를 지급해 주었다. 청소년직업훈련기회를 확대해 주기 위하여 전문학교와 기능대학에 청소년 33,285명(2001년 현재)에게 훈련을 실시하였다. 5,248세대(2001년 현재)에 이르는 소년소녀가장에 대하여 지원사업을 실시하고 있는데 후원자와 결연을 맺어 계좌로 지원을 받고 있으나 지속성이 없고 금액이 적어서 효과를 기대하기 어려운 실정이다. 어려운 청소년 활동지원으로는 근로 청소년 등 소외계층 청소년을 위한 연극공연 및 순회음악회를 개최하고 있는데 2001년에는 연극은 40회 공연에 4,400명이 관람하였고,

순회음악회에는 4개 단체가 참여하여 12,000명이 관람하였다.

비정규학교 158개 교(2000년 12월 말)에 재정지원(1개교 155만 원씩)을 지원해 주고 비정규학교 문예행사지원활동을 펼치고 있다. 2001년에는 근로청소년과 기업주 1만 6,000명이 참가하는 문화체육 활동을 실시하였다. 어려운 청소년자연 체험활동에 2,000여 명이 참 석하였고, 전국에 청소년 공부방이 428개(2002년 말 현재)가 운영되 고 있다. 농어촌청소년육성재단은 기금 290억 원으로 운영하고 있 으며, 청소년 상담실은 시·군·구 단위 청소년상담실 설치가 54% 에 머물고 있다. 상담실적은 69만 건이나 실질적인 효과는 전문 인 력 부족과 상담체계상의 문제로 회의적이다. 국가 유공자 자녀지원 사업으로 취학지원, 교육비지원, 장학금지급, 모범자녀포상, 연수교 육과 단체활동지원, 사적지순례사업, 취업알선, 양육보호사업을 실 시하며 제대군인자녀 지원사업도 실시하고 있다.[17] 이상과 같이 정 부에서는 특수청소년에 대한 복지사업을 범주화시켜 실시하고 있으 나 그 효과는 기대치 이하로 매우 미비한 것으로 평가되고 있다.

3. 일반 청소년의 복지 실태

1,000만 명에 이르는 다수의 일반 청소년복지 사업으로는 정부의 각 부처에서 예산을 투자하며 사업을 시행하고 있으나 성과 기대치 가 미미한 실정이다. 교육인적자원부가 추진하고 있는 초·중·고 학교의 교육여건 조성사업에 예산을 투여하고 있는데 학교폭력, 문

---

17) 문화관광부, 청소년백서, 2002, pp.360－493.

화시설부족, 교사관리문제 등은 해결의 실마리가 보이지 않고 있다.

문화관광부에서는 청소년수련거리를 1999년부터 2002년까지 30종을 개발하여 보급하고 있으나 활용이 미미한데 이는 지도자 부족과 시설이 부족한데다 청소년의 외면으로 참여가 많지 않기 때문이다. 청소년수련활동 지원사업으로 청소년 어울마당을 2000년에는 총 2,228회에 1,244,482명이 참가하였다. 청소년수련거리 시범 운영사업, 찾아가는 청소년마을운영, 청소년 달 운영사업, 청소년 호국수련활동 지원사업, 농·어촌 청소년수련활동, 청소년 체육진흥활동, 청소년문화진흥사업, 청소년과학활동, 청소년자원봉사활동을 전개하고 있으나 전시 행정적이고 나열식, 계량성 중심의 사업으로 일반 청소년의 자율적인 선택이 외면되어 복지욕구 충족에 영향을 미치지 못하고 있다.

Ⅳ. 청소년복지의 발전방향

청소년 복지 증진에 대한 소극적인 관심과 총체적 실천의지 부족을 극복하는 일이 선행되어야 한다. 청소년 복지는 다인적 접근과 청소년의 동의와 협력체계 속에 이루어지는 전체적인 사회적 노력이 중요하기 때문이다. 날로 커지는 청소년의 다양한 욕구와 격변하는 사회 구조 속에 청소년 삶의 질을 향상시키는 문제는 다원화 시대의 관심사가 되고 있다. 다양한 욕구를 조사 분석하고 이의 충족을 위한 대안을 제시하여 그들의 삶을 복되게 안내하여야 한다. 이러한 차원에서 청소년복지는 청소년이라는 고유성에 따라 개념과 시작이 달리 구성되는 아주 새롭고 전혀 다른 사회복지사업의 특수한 영역[18]으로 이해하여 발전방향을 모색해 가는 것이 바람직스럽다.

청소년의 욕구충족은 가정, 학교, 지역사회의 환경과 자원을 효율적으로 동원하여 활용할 때 가능하므로 이를 위한 법제정과 정책이 중앙정부와 지방 자치단체 차원에 실시되어야 한다. 국가에서는 바른 청소년 육성운동을 민족혼과 긍지를 지닌 힘차고 유능한 청소년, 도덕성과 사회봉사정신이 투철한 청소년으로 육성하는 것을 목표로 전개하고 있으나 이 또한 청소년 입장과 요구와는 거리가 있는 정책이며 이것이 결코 청소년 복지 정책의 목표가 될 수 없다. 청소년 복지 위원회를 청소년 단체, 한국청소년개발원, 한국청소년상담원, 한국청소년 학회, 청소년지도사협회 등 유관기관 유형별 청소년이 참여하는 비상설 협의체를 구성하여 운영할 필요가 있다. 여기에서 청소년 복지사업을 범주화시키고 당면과제를 찾아내고 중장기 계획도 수립하여 효과를 극대화시킬 수 있는 체계를 확립시켜 가야 한다. 사회적이고 국민적인 자발적 노력이 더해질 때 청소년의 만족도는 높아지고 행복과 삶의 질 향상이 가시화될 때에 청소년복지는 발전 가능성이 있다. 청소년은 자기 삶의 주인으로 독립인격체로 존중해 주며 미래사회를 선도해 갈 수 있는 능력을 배양시켜 주는 부분도 청소년 복지가 수용하여야 된다. 청소년에게 자율과 참여의 기회를 제공하며 생명가치를 존중하고 정의로운 공동체 성원으로 행복을 가꾸

---

18) 이상오, '청소년육성제도의 문제점 및 개선방안' 제31회 21세기청소년포럼, 한국청소년학회, 2003, p.87.

며 삶의 질을 향상시킬 수 있도록 여건과 환경을 조성해 준다. 청소년의 인권, 자유권, 행복 추구권이 존중되고 보장되는 가운데 청소년복지를 생각하여야 할 때이다.

청소년의 내재된 욕구와 가치는 사회구조와 끊임없이 상호 작용하는 가운데 이루어지게 된다. 전문성, 개별성, 의존성에 의해 격변하는 사회구조의 기능이 청소년 욕구 충족 및 복지향상과 밀접한 관련이 있다. 따라서 사회구조 변화에 능동적으로 대처하고 준비하는 노력이 요구되며 청소년복지 발전에 따른 몇 가지 대안을 다음과 같이 제시하고자 한다.

첫째, 청소년 복지에 대한 새로운 인식 전환이 요구된다. 청소년복지는 청소년의 욕구 및 의식에서 출발한 미래의 행복추구실현을 위한 자율과 선택 및 환경과 여건을 만들어 준다는 차원에서 이해하여야 한다. 기존의 피수혜자 입장에서 청소년에 대한 서비스 제공이라는 생각을 버리고 청소년의 동의가 전제된 사회적 노력과정으로 인식이 전환되어야 한다.

둘째, 청소년 복지 욕구의 충족을 위한 노력이 필요하다. 청소년 개개인의 특성에 따른 욕구 충족을 위한 다양한 개념을 도입하여 청소년의 복지선택권의 제공을 통하여 삶의 수준을 높여 주어야 한다. 학습, 여가생활, 문화시설, 사회관계에서 청소년 자신이 선택할 수 있는 여건을 조성해 주고 판단할 수 있는 능력을 길러 준다.

셋째, 청소년 복지 정책의 적극적인 개발이 요구된다. 청소년 복지를 위한 정책은 행복한 삶을 위한 것이어야 하며 청소년과 시민이 함께 참여하는 전달체계를 확립하여야 한다. 이러한 정책구현을 위한 정부와 민간이 공동으로 자원개발을 서두를 필요가 있으며 기존 복지전달체계의 효율적인 개선이 절실하다.

넷째, 청소년 복지 증진에 따른 기본여건을 조성하여야 한다. 이와 관련하여 청소년 복지는 정책의 방향과 노력의 범위를 설정함에 있어 청소년의 욕구를 최대한 반영해야 효율적인 정책 실현에 도달할 수 있다. 오늘날 청소년 욕구의 기본적 특징은 청소년을 둘러싸고 있는 사회환경의 변화에 따라 새로운 욕구가 생성되고 있으며 욕구의 사회적 성격이 증대되고 있다는 점이다. 새로운 욕구의 출현으로 새로운 복지 제도의 필요성이 제기되고 있다. 현대 산업사회에서 새로운 욕구의 양상으로 생활수준의 향상에 따른 기본적 욕구수준의 상승, 공동체 해체에 따른 새로운 귀속감의 추구, 문화와 여가생활에 대한 요구 등이 포함된다. 욕구 및 의식조사 사업을 실시하고 복지 욕구를 조사하여 복지 프로그램을 개발하며 전문인력 육성과 배치를 제도화하여 청소년의 참여와 건전한 프로그램 기회를 제공하는 방향으로 추진해 간다.

다섯째, 청소년 복지증진을 위한 가정기능을 강화시켜야 한다. 가정해체와 핵 가정으로 전통적인 가정의 고유기능, 기초기능, 부차기능이 발현되지 않아 청소년 사회화 과정(socialization process)이 제대로 수행되지 못해서 많은 문제가 야기되고 있다. 청소년의 기본욕구와 미래의 부분적 욕구의 충족이 가정에서 이루어질 수 있는 대안 모색이 절실하다.

여섯째, 청소년 복지를 위한 사회적 노력이 절실하다. 지역사회의 유해환경과 대중매체의 정화는 사회적 통제력과 청소년에 대한 관심과 사랑이 시작될 때 가능해진다. NGO 단체가 주축이 되어 시민들이 참여하는 사회분위기를 조성하는 일이 필요하다.

일곱째, 청소년복지사업 시행에는 반드시 원칙을 적용하여야 한다. 청소년의 인권과 권리 그리고 자유권과 평등 및 기회 균등 보장을 존중하여야 한다. 청소년 복지 발전을 위해서는 복지사업시행에 청소년의 권리와 책임의 원칙, 보편성과 선별성의 원칙, 개별적 기능의 원칙, 통합성의 원칙, 전문성의 원칙이 적용되고 존중되어야 하기 때문이다.

여덟째, 청소년 복지사업의 실제적인 노력을 할 때 균형을 고려하여 청소년 입장에서 이루어져야 한다. 청소년 개인보호 측면과 전체 가족유지 측면, 청소년복지대상과 증진 프로그램 선정 시 보편주의와 선정주의, 가족중심 프로그램과 가족 대체보호프로그램의 균형, 전문주의개입과 일반주의개입의 균형, 예방과 치료의 균형, 단기 비용과 장기 수익의 균형이 유지되어야 한다. 청소년의 특수성과 우선성의 존중이 필요하기 때문이다. 청소년복지도 정치적, 종교적, 가치적 중립과 균형유지가 중요하다. 이것은 온전한 인간을 위한 기본적 요소로서 청소년기에 수용되어야 한다.

아홉째, 청소년의 자유권과 복지권의 순차성의 문제이다. 청소년에게 자유권이 침해받는 복지의 확대는 바람직하지 못하다. 자유권과 복지권의 우선성은 앞으로 논의를 거쳐야 할 문제이다. 독일의 경우 132년 전인 1871년 비스마르크 정권에 의해 제국 청소년복지법(RWG: Reiches Tuend wohl fahrtgesstz)이 제정되었다가 1922년까지 사용되었다. 1924년 청소년복지법에 의해 청소년청에서 복지사업을 주도해 오다[19] 1993년 일 아동 및 청소년지원법으로 제정되는 데 복

---

19) Knoll, Jochaim H, Von der freien Initiativen Reglementierung? Jugendwohlfahrt, Jugendpflege, Jugendhilfe, Duesseldorf: Reihe Burg, 1992, p.47.

지권이 자유권을 제약해서는 안 된다는 이유에서이다. 우리나라도 청소년의 복지권 이전에 진정한 자유권을 제공해 주는 일이 우선되어야 한다.

Ⅴ. 청소년복지 증진을 위한 과제와 대안모색

1. 청소년복지 증진의 중요성

청소년복지는 청소년의 욕구 충족을 통한 이상 추구에서 출발하여야 하며 자율과 자의적 선택 존중과 위험성 및 예측성을 제공하는 사회적 노력이 중요하다. 현실적으로 청소년이 이상을 펼쳐 가기에는 제도적으로나 환경적으로 너무 많은 장애요소가 있다. 그동안 특수청소년 중심으로 이루어졌던 청소년 복지 개념과 정책 및 사회적 노력을 청소년복지 중심대상이 일반 청소년으로 전환되어 포괄적 복지차원에서 사회적 노력과 정책적 시책을 개발하는 일이 중요하다.

청소년복지는 청소년들의 일상적인 생활 속에서 복지과제를 구현할 수 있는 프로그램 진행과 활동 목표를 설정하는 노력이 중요하다. 우리 현실은 단지 활동자체만 실시하고 있는데 그 기저에는 복지과제의 이수가 수반되어야 한다. <표 5.1>에서 보듯이 임의 활동영역에서는 복지과제로 청소년을 인격체로서의 존중, 자아정체성확립을 위한 실천이 이루어져야 한다. 고유영역에서는 청소년의 인성개발, 능력, 소양개발의 복지과제를 실현하고 수련활동에서 체험을 통한 청소년의 욕구를 충족시켜 주며 사회성을 높여 주어야한다. 지역사회활동영역에서는 청소년이 원하는 교육적 환경 조성및 순기능을 제공해 주고 다양한 긍정적인 기회를 부여해 주며 행복한 인간상을 구현하도록 하는 과제를 추진한다. 청소년에게 복지를 증진시켜 줄 수 있는 과제 영역을 찾고 대상과 내용을 찾는 일은 기본적인 요소가 되기 때문이다. 궁극적으로 청소년 복지를 향상시키기 위한 노력의 수단과 방법으로 중요성이 제기되고 있다.

〈표 5-1〉 청소년 활동영역과 복지과제

활동영역 ＼ 활동내용	활동 장소	활동 내용	활동 특성	복지 과제
임의 활동	가정	자유 활동	개별적, 자의적	인격 존중으로 자아 정체성 확립
고유 활동	학교, 직장, 복무처	학업, 근무, 복무	의무적, 구속적	인성개발, 능력, 소양 개발, 선진민주시민육성
수련 활동	생활권, 자연권	심신훈련 등 체험활동	능동적, 조직적	체험을 통한 욕구 충족, 사회성 증진
지역사회활동	지역사회 (생활 현장)	여가 활동	능동적, 비조직적	교육적 환경 조성 및 순기능 기회 부여 · 행복한 인간상 구현

2. 청소년 복지증진과제

청소년복지증진은 기성세대와 청소년의 합의적 노력에서 출발하여 구체적인 목표를 수립해 가야 한다. 청소년 복지과제를 정책, 사회, 제도적인 면에서 살펴보고자 한다.

우리나라의 청소년복지증진의 발전방향을 위한 몇 가지 제언을 요약하면 다음과 같다.

첫째, 청소년의 보호와 복지의 사각지대가 없도록 사회적으로 지속적인 노력을 기울이며 새로운 법의 제정요구를 수용하여야 한다. 청소년업무 조직의 통합과 함께 관련 법령의 체계화가 이루어 가야 한다. 현실적용에 문제가 있고 법령은 전문가의 분석에 의해서 개정하는 것이 좋다. 청소년 인권법과 청소년 복지법을 자유권이 침해되지 않는 범위에서 제정할 필요가 있다. 성인에게만 형사처벌을 규정하고 있는 현재의 청소년 성 보호법이 본래의 취지와는 달리, 악용하는 청소년이 있으므로 청소년과 성인의 쌍벌제도를 도입하자는 주장에 대하여 논의를 거쳐서 대안을 마련해 볼 필요가 있다.

둘째, 청소년복지정책 주무부서의 직원에 대한 전문가 배치와 인센티브를 제공해 주어야 한다. 잦은 인사로 인한 직책의 변동은 청소년육성조직의 불안정성을 가져오므로 확고한 신념과 이론적 토대 위에 보다 신중한 직제 개편이 이루어져야 한다. 전문가를 별정직으로 특채하여 고정시키는 방법도 검토해 볼 만하다.

셋째, 청소년 업무에 대한 중복행정과 사회 인프라의 연계 협력 부족으로 행정력의 낭비요소가 상존하며, 청소년복지정책의 종합적이고도 체계적인 추진이 어렵다. 청소년 복지를 위한 다양한 서비스를 효율적으로 통합하여 제공할 수 있는 새로운 행정기구의 구축이 필요하다. 공공행정에서는 일반적으로 행정을 정부가 목적하는 바를 달성하기 위하여 인간과 물자를 관리하는 것[20]으로 효율적인 행정집행이 요구된다. 청소년 정책의 주축인 보호와 육성업무를 담당하는 행정조직이 이원화되어 있는데 이를 조속히 통합하여

---

20) 김종호, 현대행정학의 이해, 서울: 대영문화사, 1998, p.4.

야 한다. 또한 조직의 위상이 낮아 국가정책 우선순위에서 소외되는 문제를 해결하기 위해 일원화와 직급의 상향조정이 필요하다. 청소년보호와 육성에 관련한 국가와 지방자치단체의 역할과 책임을 의무조항으로 강화시킨다. 지방자치단체 차원에서 추진체계의 혼선을 극복하기 위하여 일관되고 강력한 청소년정책의 전달체계를 확립해야 한다. 행정체계를 조절하려는 노력을 시도하고 있으나 아직까지 개선되지 않고 있는 것은 부처 간의 이기주의와 몰이해 때문이다. 부처 간 조절능력을 신장시키기 위해서는 청소년 전담부서의 행정부위상이 지금보다 높아져야 한다.

넷째, 청소년 통제와 간접 요인을 최소화시키는 일이다. 청소년 유해환경의 범위는 현실적인 상황을 고려하여 조절하여야 한다. 즉 청소년유해 약물인 담배와 술에 대한 규제가 재검토될 필요가 있으며, 청소년유해업소인 노래방, 당구장, 커피숍, PC방 등은 청소년들이 이용하기에 적합하도록 개선하는 것이 보다 효과적이다.

다섯째, 청소년 복지정책과 사회적 노력에 청소년의 요구와 참여할 수 있는 실질적인 제도와 여건을 마련하여야 한다. 현재 문화관광부와 지방자치단체, 한국청소년 단체협의회에서 청소년위원회를 구성하여 활동하고 있으며 전국청소년학과 교수협의회(회장 정하성 평택대 청소년복지과 교수)에서 청소년 의회의 구성을 추진하고 있다 청소년들의 자율적인 참여를 높여주고 자유로운 의사 소통연결 체계를 구성해 주어 청소년의 요구가 수용되는 복지정책을 추진해 가야 한다.

여섯째, 통일 이후에 남북 청소년의 복지 증진을 위한 준비를 하여야 한다. 통일에 대한 확신을 갖고 통일 후 남북 청소년들이 할 수 있는 통합 프로그램을 준비할 때이다. 이질화된 언어·의복 등 청소년 문화를 상호 이해하는 가운데 충격과 역기능을 최소화시키면서 공통된 하나의 통합문화를 이끌어 갈 수 있는 기본적인 자세를 훈련을 통하여 확립시켜 주어야 한다.

일곱째, 미래사회에 대응할 수 있는 능력과 자질을 함양시켜 주는 일이다. 격변하는 미래의 세계화시대에 발맞춰 국제사회의 경쟁에서 승리할 수 있는 직업을 선택하고 그것의 수행을 위하여 준비할 수 있는 직업상담과 지도를 해 주어야 한다. 연애결혼에 의한 개방된 성관과 결혼관을 현실윤리규범과 조화를 이루도록 교육시키는 일도 중요하다. 개인적 이기주의가 만연되어 가고 있고 혈연공동체가 약화되는 현실 속에서 아름다운 가족관계를 이루어 갈 수 있는 사회관계 훈련이 강조되어야 하며 다원화 시대에 걸맞은 타인에 대한 배려에 기초한 사회생활을 원만하게 수행할 수 있는 인간관계 프로그램 실시가 강화되어야 한다.

3. 청소년복지 증진 대안

청소년복지증진을 위하여 다각적으로 생각할 수 있으나 현실적으로 가능한 몇 가지 대안을 모색해 본다.

첫째, 청소년복지에 대한 학문적 노력을 활성화시키는 일이다. 청소년 복지의 학문적 기본을 청소년 헌장에 명시된 청소년 권리와 책임에 근거한 재검토와 새로운 이론의 창출이 절실하다. 청소년에게 인간다운 삶을 보장하고 청소년 스스로 행복을 가꾸며 살아갈 수 있는 여건과 환경을 조성한다는 청소년 헌장에 기인한 청소년 복지 이념과 실천 방법을 정책적으로 제도적으로 사회적으로 모색하여야 한다. 청소년복지는 사회복지의 한 분야로, 청소년 개인의 욕구 충족을 위한 사회적 지원 및 사회문제화되고 있는 청소년문제에 대처하기 위한 사회적 노력으로 파악된다[21]는 주장에서 벗어나 청소년 복지 영역의 독특성과 독립적 영역을 개발하는 일을 서둘러야 한다. 청소년 복지는 아직까지 그 정체성의 모호함으로 인하여 아동복지의 맥락에서 이해되어 왔는데 청소년의 고유성과 특성을 인식하여 독립적 영역으로 청소년 복지를 이해하여야 하기 때문이다. 아동복지가 가정의 기능강화에 초점을 두고 있다면, 청소년복지는 가정의 기능강화, 학교의 역할, 사회의 노력, 정책 시행, 제도 등 청소년기 발달 과정 특성에 기초한 총체적 노력이 수반되어야 한다.

둘째, 청소년복지 관계자의 비전문성 문제를 해결하고 전문가로 배치한다. 현재 청소년복지 업무담당자의 대부분이 비전문가로 미시적이고 소극적이며 협의적으로 이해하고 있는 문제가 크다. 청소년복지 전문가의 양성과 활용체계 수립이 시급하다. 청소년지도사를 7,114천 명을 양성하였으나 이들을 청소년복지 전문가[22]로 볼 수 없다. 별도의 전문가 프로그램을 개발하여 청소년지도사의 재교육을 통한 청소년 복지전문가 양성을 하여야 한다.

셋째, 청소년 교육환경의 확대 조성과 기회 제공을 증대시켜 간다.

---

21) 조흥식, '청소년학의 정체성 확립을 위한 청소년복지의 과제', 전게서, p.5.
22) 여기서 청소년복지 전문가라 함은 청소년지도자로서 청소년복지 분야인 정책, 사회, 교육, 문화, 환경 등 총체적인 노력을 수행하여 청소년에게 행복한 삶의 질을 높여줄 수 있는 능력과 자질을 갖춘 사람을 말한다.

청소년의 기본권과 미래의 가능성과 현실의 행복권을 위해서 교육적 환경의 확대 조성이 절실하며 그들의 욕구충족과 발전을 위한 다양한 기회 제공을 해 주어야 한다. 현재의 청소년 유해환경 감시라는 소극성에서 벗어나 유익환경을 충분히 제공해 주어 청소년에게 환경의 선택권을 돌려주어야 한다.

넷째, 청소년복지에 대한 사회적 관심과 노력 부족을 고양시킨다. 개인이기주의와 공동체의식의 약화는 청소년을 방치하고 소외감을 조장시키고 있다. 이를 극복하여 청소년에 대한 관심과 사랑을 실천하며 좋은 환경을 유지시켜 주는 사회적 노력을 촉진시키는 일이 당면과제이다. 청소년 복지는 사회적 개입과 노력이 높아질 때 구현되어 갈 수 있다.

다섯째, 청소년 복지정책의 전달체계를 개선하고 적극적으로 개발하여야 한다. 청소년 복지정책의 전달체계를 합리적이고 현실적으로 개선하여야 하는 문제는 중요하다.

(그림 5 - 1)에서 보는 바와 같이 청소년 복지 업무의 주무부처인 문화관광부가 중심이 되어 청소년복지 업무를 주도적으로 추진해 가지 못하고 있다. 일선 시·도와 시·군·구 및 읍·면·동 공무원이 청소년 업무를 담당하고 있는데 이들에 대한 인사권과 감사권 근무평가 권한을 행정자치부에서 갖고 있으며 문화관광부는 업무협조 차원에서 머물고 있다. 읍, 면, 동, 시, 군, 구에는 청소년과와 청소년계가 없으며 담당자는 다른 업무를 맡은 사람이 부수적으로 맡고 있다. 업무의 의욕상실과 비전문성이 극에 달하고 있는 실정이다.

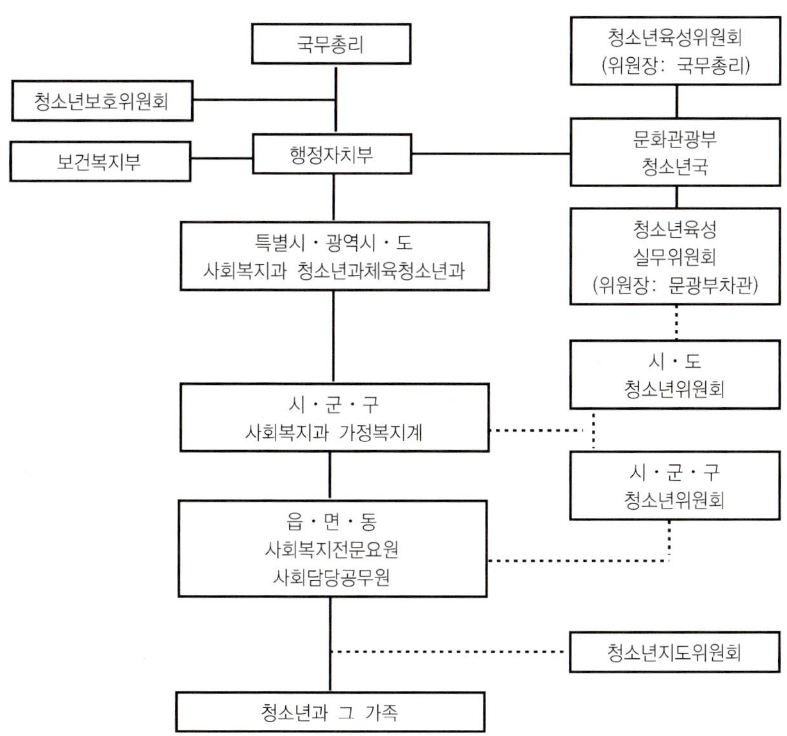

 여섯째, 청소년 복지향상에 필요한 자원동원과 활용을 체계화시켜 간다. 청소년이 요구하고 필요로 하는 인적 자원, 사회적 자원, 정보자원, 시설자원, 자연자원을 합리적으로 동원해야 한다. 사회에 있는 청소년 잠재자원과 가용자원을 분석하여 동원하는 방안을 찾는 일이 시급하다. 이를테면 공공기관의 회의실, 운동장, 도서관, 종교시설, 지역사회시설, 사유시설 등 청소년 이용시설의 가능성을 조사하여 분석해 보아야 한다. 그리고 참된 청소년 지도자를 양성하는 일이다. 현재는 국가자격 청소년 지도사가 7,114명이 있으며 청소년 지도위원 35,546명, 청소년지도 자원봉사자가 수십만 명에 이르고 있으나 이를 청소년 입장에서 보면 상당수가 청소년 유해 사범적 역할을 하고 있다. 청소년과 기성세대의 가치와 규범 차이의 극복을 위한 제도 개선을 서둘러야 하며 이들의 자질 함양을 위한 지속적인 교육과 연수를 실시하여야 한다. 청소년에게 유익한 고급 정보를 개방하고 제공해 주며 청소년 전용 시설을 확대하고 이용시설의 영역을 넓혀 주어야 한다. 청소년의 자연환경 이용지구 지정과 지역과 지형지물, 계절별 프로그램 개발을 해 주어야 한다. 이의 활용하는 방법을 습득시켜 주고 이용시간을 확대시켜서 효과를 극대화시킬 수 있는가를 연구하여 활용체계를 만들어야 한다.

일곱째, 정부 행정부서의 청소년 업무를 통합하고 조정하여 효율적으로 집행해 가야 한다. 청소년업무를 모든 부처에서 비전문가가 담당하므로 업무의 비효율성은 물론이고 업무의 중복성, 비통합성, 정책조정에 있어 커다란 혼란을 겪고 있다. <표 5-2>에서 보는 바와 같이 11개 각 부서의 청소년 업무가 부분적으로 부수적 수준의 부서 입장에서 청소년 업무를 분담하므로 목표통합과 합리적인 업무가 수행되지 못하고 있다. 때로는 각 부처 업무가 반청소년 복지 행태와 비복지적 성격으로 업무의 왜곡과 혼란을 겪으며 추진되고 있다.

〈표 5-2〉 정부 행정부서의 청소년 업무

행정부서	청소년업무분담 내용
재정경제부	청소년사업에 민간참여를 활성화하기 위한 세제지원
범무부	비행청소년 선도 교화 및 소년교도소 수용청소년 교정·교화 등
행정자치부	지방자치단체 청소년육성사업 지원 등
정보통신부	PC통신, 인터넷상의 공개정보 모니터링 및 청소년유해매체물 심의·결정사업, 건전한 정보유통과 청소년 보호 교육·홍보 사업
보건복지부	소년소녀가장 지원, 시설보호아동 지원, 저소득층 보육료 지원
노동부	근로청소년문화생활 지원(연극), 근로청소년회관 운영 지원 등
대검찰청	학교폭력범죄 예방 단속, 청소년선도 활동 등
경찰청	소년수사 업무, 청소년선도단체 지도 감독 등
농촌진흥청	농촌청소년조직 육성(4-H), 농촌청소년(4-H)수련활동
여성부	여성청소년 육성
기획예산처	청소년 관련 재원 지원

자료: 문화관광부, 2002 발췌.

여덟째, 청소년 관련 법령 체계의 미비를 개선하여야 한다. 청소년 기본법에는 청소년 수련활동을 학교 교육과 별개의 것으로 구별하고 있는 법체계의 개선을 통해 청소년 육성 범위에 학교 정규교과 과정을 포함시켜야 한다. 청소년수련활동은 학교교육과 불가분의 관계가 있으며 통합적으로 추진되는 것이 바람직하다.

<표 5-3> 청소년복지 관련 법규에서 보는 바와 같이 서비스와 지원을 필요로 하는 청소년에게 최소한 보장과 보호를 해 줄 수 있도록 되어 있다. 청소년복지 관련 별도규정 법률이 10가지 청소년복지 연관 법률이 9개가 있으나 청소년을 중심으로 한 특성이 강조된 법이 없다.

청소년 관련 법 조항은 청소년의 독특성이 수용된 것이어야 효과를 기대할 수 있기 때문이다. 법률 상호 간의 보완성과 연계성이 없으므로 청소년의 요구와 문제의 부분적 지원을 받지 못하고 있

다. 청소년 복지는 모든 청소년에게 다양한 욕구를 충족시켜 주고 꿈과 이상을 구현하여 진정으로 행복하고 자유로운 삶을 위하여 노력을 기울여야 한다.

<표 5-3> 청소년복지 관련 법규

청소년복지 직접 대상 또는 청소년복지 관련 별도 규정 법률	청소년복지 포함 또는 연관 법률	청소년기본법상의 청소년복지 근거규정
아동복지법, 모자복지법, 국민건강증진법, 근로기준법, 병역법, 생활보호법, 정신보건법, 장애인복지법, 보호시설에 있는 고아 후견직무에 관한 법률, 입양 촉진 및 절차에 관한 특례법	사회보장기본법, 사회복지사업법, 의료보험법, 지역보건법, 직업교육 훈련촉진법, 의료보호법, 장애인고용촉진 등에 관한 법률, 가정폭력범죄의 처벌 등에 관한 법률, 가정폭력방지 및 피해자 보호 등에 관한 법률	제3조, 제7조 1항, 제 46조

VI. 청소년복지의 해결과제

이제는 청소년 복지에 대한 인식을 특수청소년에 대한 서비스 중심에서 벗어나 일반청소년이 중심이 되어 모든 청소년의 욕구를 충족시켜 주고 인권과 환경권, 자유권과 복지권, 행복권과 선택권을 제공해 주어야 한다. 그리고 자아실현을 위한 삶의 질을 높여준다는 생각으로 전환시켜야 한다.

청소년이 실질적인 온전한 인간으로 성장해 가기 위한 사회적 참여와 정책수단이 조화를 이루는 뒷받침이 있어야 한다. 청소년의 욕구 발생 원인은 개인적인 특성보다 사회구조적인 조건에 있으므로 욕구 해결은 사회 수단에서 찾는 것이 바람직하다. 사회수단으로 사회운동과 활동 및 자발적 참여와 관심 제고를 위한 정책적 배려가 절실하다. 지식정보산업사회에서 청소년이 영향력을 행사할 수 있는 창조와 개혁의 순기능을 수용하고 왜곡, 오도, 비윤리적인 역기능을 제거하는 사회분위기 조성이 이루어져야 한다. 이는 지역사회운동과 범국민운동으로 추진하는 것이 효과적이고 합리적이다. 청소년의 불안전한 상태를 극복하고 정상적인 삶의 영위를 위한 환경조성 정책이 요구된다. 청소년의 불안정한 상태는 심리, 교육, 문화환경 등 다양한 요인에 의해서 발생되기 때문에 이의 장애 제거를 위한 정책도 함께 펼쳐야 한다. 평온과 안정 속에서 이상과 꿈을 추구하며 살아갈 수 있는 청소년의 소망은 자유권이 확대되고 복지권이 보장될 때 가능하다.

진정한 청소년 복지의 발전은 환경, 여건, 제도, 법률, 정책 등 열악한 환경을 냉정하고 과학적으로 분석하여 문제해결과 이해 방법을 찾는 데서 이루어질 수 있다. 미래 지향적인 발전을 위하여 청소년의 입장과 이해 속에서 대안을 모색해 가는 지혜와 실천의지가 필요하다. 급변하는 사회에 청소년의 능력과 자질을 함양시켜서 평생학습사회와 지식정보사회에서 만족과 행복을 창출할 수 있는 훈련을 시켜 주어야 한다.

현실적으로 매우 열악한 특수 청소년에 대한 지원과 일반청소년을 위한 사회적 노력으로 청소년 복지과제를 해결하며 복지를 증진시켜 가야 한다. 청소년의 인권과 자아실현을 위한 기반 위에서 자유권을 확대시키고 각자의 개성과 취향에 따른 소망을 향한 노력이 행복권을 향유하여 삶의 질을 높여주는 노력이 진정한 청소년 복지를 발전시킬 수 있는 과제이다.

참고문헌

가족치료연구모임, 단기가족치료, 하나의학사, 1996.

구자헌, 사회복지, 서울: 한국사회복지연구소, 1972.

권이종, 청소년 교육개론, 서울: 교육과학사, 2001.

김종호, 현대 행정학의 이해, 서울: 대영문화사, 1998.

문화관광부, 청소년백서, 2002.

__________, 청소년백서, 2001.

__________, 새로운 청소년 헌장이야기, 1998.

오영재 외 2인, 청소년 복지론, 서울: 도서출판 양지, 2001.

오치선 외 13인, 청소년 커뮤니케이션학, 서울: 솔과학, 2002.

이상원, 교육환경론, 서울: 형설출판사, 1991.

이용교 외 8인, 청소년문제와 청소년복지, 서울: 인간과복지, 2002.

장인협 외 1인, 아동청소년 복지론, 서울: 양서원, 2000.

정하성, 청소년복지론, 서울: 홍문당, 1985.

_____ , 청소년문제와 지도, 서울: 해와달, 1998.

최윤진, 청소년의 권리, 서울: 양서원, 1998.

표갑수, 아동청소년복지론. 서울: 나남출판사, 2002.

한국청소년 보호 지도 학회, 청소년 보호 지도 연구 제2집, 2002.

한국청소년개발원, 한국청소년연구 제12권, 서울: 한국청소년개발원, 2001.

______________, 한국청소년연구 13권, 서울: 한국청소년개발원, 2002.

______________, 소외청소년의 복지욕구조사(Ⅰ), 2001.

______________, 소외청소년의 복지욕구조사(Ⅱ), 2001.

한국청소년학회, 청소년학연구 제6권, 서울: 한국청소년학회, 1999.

______________, 청소년지도 체계확립을 위한 정책과 과제, 서울: 한국
    청소년개발원, 2001.

______________, 청소년학 연구 제9권, 서울: 한국청소년학회, 2002.

홍봉선 외 1인, 청소년복지론, 서울: 양서원, 2001.

한국청소년학회, 청소년육성제도의 문제 및 개선방안(복지분야), 2003.

R. D. White, No space of Their Own - Young people and social control in Australia Cambrige: cambrige anirersity press 1990.

B. Coles, youth and social Policy, youth citizenship and young careers. 1995.

Paul Dickens, uality and Excellence in Human services, New York; John wiley and sons. 1994.

Knoll, Jochaim H, Von der freien Initiativen Reglenmentierung? Jugendwohlfahrt, Jugendhilfe, duesldorf: Reihe Burg, 1992.

<인터넷사이트>
http://www.kyouth.or.kr
http://www.mct.go.kr
http://www.nct.go.kr

제3장

농촌 청소년육성을 위한 4-H 지역본부 강화

Ⅰ. 4-H본부의 이해

4-H회의 지도와 활성화를 위해서 이들을 후원하고 있는 전국 133개의 시·도, 시·군·구 단위 지역4-H본부의 적극적인 활동이 요구되고 있다. 4-H회 선배들을 중심으로 조직된 지역 본부의 활동이 4-H회원들의 욕구를 충족시켜 주고 있는가에 대하여 많은 의문이 제기된다.

한국 4-H는 50여 년의 역사 속에 500만 명의 선배를 배출시켰다. 70년대에 4-H회원 수가 수십만 명으로(70만 명 정도) 최고절정에 이르러 농촌을 활기 넘치는 터전으로 만들었다. 새마을 운동이 성공적으로 추진될 수 있었던 것도 4-H 출신자가 새마을 지도자로 활동하였기 때문이다. 80년대 민주화 열풍이 불 때에도 4-H인의 역할이 있었음을 부인할 수 없는 사실이다.

지금은 농민이 전체 인구의 8%에 불과하며 농촌이 空洞化되고 농업이 사양산업으로 전락하고 있어 4-H회원 수가 크게 줄어 61,607명에 이르고 있다. 1990년대부터는 도시의 학교 4-H회가 조직을 확대하여 전체 회원의 66.5%(40,707명)를 차지하고 있다. 그간의 역사를 돌이켜 보면 5공화국 때에 4-H회를 새마을청소년회로 명칭을 변경시켰던 무소불위했던 힘의 논리에 곤액을 치렀고 농촌지도 전시행정의 표본으로 이용당하기도 하였으며 시대에 따라 영농후계자 양성 등의 명목으로 4-H운동이 전개되어 왔다. 분명한 것은 4-H회는 지·덕·노·체의 이념구현에 있으며, 시대가 요구하는 인성을 함양하고 지식과 기술을 습득하는 농촌청소년 학습자치단체이다. 4-H회 선배 후원조직인 4-H본부도 이들의 활성화를 위한 사업을 우선하여야 하는 이유가 여기에 있다. 4-H 회원들이 즐겁고 보람찬 과제 활동을 자율적으로 전개할 수 있도록 건전하게 육성시켜 가는 일이 중요하다. 4-H회의 활동을 도·농 연계활동으로 추진하여 도시사회에 활력과 비전을 심어주고 농촌 지역사회의 문화를 육성하며 농업소득을 증대시켜서 살기 좋은 터전으로 만들어 가야 한다. 따라서 지역4-H본부는 지역개발에 동참하며 지역공동체 건설에 앞장서야 한다. 지역4-H본부는 4-H 회원의 활동지원에 머물지 말고 4-H회원 미래의 활동영역에 대한 개척과 지역사회 문화창달에도 기여하여야 된다.

한국 4-H후원회, 한국4-H연맹, 한국클로버동지회 3개의 4-H민간단체가 2001년 2월 7일에 한국 4-H본부로 통합 발족되었다. 통합된 본부는 아직 지역 본부와 유기적인 밀접한 관계를 유지하면서 활발한 활동을 하지 못하고 있다. 통합과정에서 전체 회원의 참여와 의견이 충분히 수용되지 않은 채 제도적인 통합이 이루어졌기 때문이다. 이들의 심정적인 통합을 이루어서 회원 상호 간의 참여와 협력을 만들어 내는 문제가 해결하여야 될 당면한 과제이다.

전국 500만 4-H인이 명실상부한 한국 4-H운동의 지도자로, 후원자로, 격려자로, 촉진자로 역할을 해 줄 때 우리나라의 4-H회는 성숙되고 활성화될 수 있다. 각 지역4-H본부는 지역특성에 적합한 4-H운동이 이루어질 수 있도록 지원해 주며 선도적 역할을 하여야 한다.

지역4-H본부가 4-H회원의 활동을 촉진시키고 지역개발에 앞장서는 사업을 추진하기 위하여, 이의 역량을 강화시키기 위한 방안을 모색하는 일이 시급한 문제이다. 본고에서는 이를 위하여 지역4-H본부의 운영실태를 분석하고 사업내용과 효과적인 추진체계방안을 마련하여 사업추진 역량을 강화시켜 가는 데 기여하고자 한다.

Ⅱ. 관련 이론의 검토

1. 조직에 대한 이해

조직은 구체적인 목적이 있으며 이의 달성을 위하여 구성원이 의무와 권리를 다하며 상호신뢰와 이해로 통합성을 유지하며 자발적으로 활동해 가는 것이 정상이다.

한국4-H본부와 지역4-H본부와의 관계를 이해하고 역할과 기능을 분명하게 분담하기 위해서는 조직 간의 조정에 대하여 파악할 필요가 있다. 특히 분권화된 전국연합체조직은 조정을 통한 협력체계 확립이 중요하다. 조직 간의 상호의존성이 없을 때 조정이 없으며(調整無) 이와 통합의 양극 간에 존재하는 각양의 상호의존 상태에서 상호의존관계에 있는 조직의 수, 상호의존성에 관한 이들의 인식도, 상호교류작용의 표준화 정도[1])에 따라서 조직 간의 조정관계가 달라진다. 중앙조직과 지역조직 간의 조정관계 요인을 파악하여 미흡한 요인을 보완하고 상호 합일된 관계기준을 설정하는 일이 필요하다.

조직구성의 다양한 요소가 균형을 유지하며 상호 협력성이 높을 때 조직은 목적을 달성할 수 있으며 진취적으로 발전되어 갈 수 있다. 조직구조의 차원들이 건전할 때 조직은 성장해 가고 활성화될 수 있기 때문이다. 조직구조의 전문화, 표준화, 공식화, 중앙집권화, 배열의 차원에 대하여 살펴보고자 한다.

첫째, 전문화는 조직 내의 분업과 전문가에 의하여 수행되는 기능이 숫자에 따라 달라지고 역할 전문화 정도에 따라서 조직구조가 달라진다. 전문화와 상호의존성 그리고 분업의 관계는 매우 밀접하다.

둘째, 표준화는 모든 상황을 망라하고 변함없이 적용되는 규칙적인 정의들이 존재할 때 절차는 표준화되어 가게 된다. 조직활동에서 표준화는 행동과 평가의 기준이 되기 마련이다.

셋째, 공식화는 한 조직에서 의사전달과 절차들이 기록되고 보관되는 범위를 구분하게 된다. 절차, 규칙 역할, 의사탐사 결정과 지시의 전달, 정보전달이 그러하다.

넷째, 중앙집권화는 조직에 영향을 미치는 의사결정을 할 수 있는 권위의 소재지이다.

공식적·제도적 권위와 실질적·인격적 권위냐에 따라서 중앙집권화에 영향을 미치는 것이 달라진다.

다섯째, 배열은 모든 조직이 권위구조를 가지고 있다. 상위자의

---

1) 조석준, 『조직론』, (서울: 법문사, 1994), p.24.

권위와 하위자의 책임[2]에 따라서 조직의 차원이 달라진다. 한국 4-H본부의 차원에 대한 파악을 하므로 강화시켜야 할 부문을 찾아볼 필요가 있다. 이를 기초로 조직활동강화 방안을 찾을 수 있기 때문이다.

지역4-H본부는 분권과 자율 및 특성사업 추진을 위하여 중앙본부와 긴밀한 협조가 필요하며, 지역4-H본부의 문제점을 조속히 해소해 가는 노력이 요구된다. 지역 본부의 자생력과 자립성을 키워주는 일이 시급하다. 자생력과 자립성이 없는 조직은 결코 성장할 수 없기 때문이다.

지역 본부가 관변단체로 존재할 때 지방자치단체와 유착관계로 관료적 통제를 받을 수 있으며 보다 관료적인 성격을 띨 수밖에 없다. 조직이 자율성과 독립성을 상실할 수 있으며 포괄적인 프로그램이 획일적으로 운영되어 행정기관의 시녀로 단순한 전달역할 조직으로 전락할 수 있으며 지방자치단체가 성과를 가로챌 우려가 있다. 지방자치단체 서비스를 대체함으로써 지방자치단체의 비효율성을 가속화시킬 수 있다. 지역4-H본부의 우려되는 단점을 극복하고 장점[3]을 적극 활용해 가야 한다.

50년의 4-H 역사 속에 친관 맹종조직으로 자주성과 자발성을 상실했던 지난 역사를 생각하면서 4-H본부의 순수민간 자생조직체로서 건전한 성장이 절실하다. 물론 민관 파트너십을 존중하면서 4-H본부의 정체성을 키워가야 한다.

---

2) 김진균 역, 조직사회학, (서울: 도서출판 풀빛, 1997), pp.234-236.

3) 전문적인 연구시설과 전문가를 쉽게 활용할 수 있고, 기술과 모델을 통하여 지역 NGO의 생명력을 높이고 상향적 발전을 가능하게 하며 정책결정과정에 반영을 할 수 있다.

2. 국내외 NGO조직의 기법

국내외의 많은 지역NGO가 활동하고 있는데 가장 중요한 재정 문제와 의사결정과정 및 운영에 대하여 살펴보므로 4-H본부가 조직운영기법을 도입할 필요가 있다.

참여연대의 경우 1999년도 총수입이 약 7억 9,200만 원 중 회비 가 48.1%를 차지하고 있으나 실제로는 기관지인 「월간참여 사회」 의 구독료와 광고수입 그리고 수강료 및 보험사업 등은 회원의 참 가를 통하여 얻는 것이기 때문에 실질적으로는 회비가 70~80%를 차지하고 있다고 볼 수 있다.[4] 이 돈으로 최소한 상근 활동자의 인 건비를 지불할 수 있다.

독일의 BUND[5]는 16개 주에 있는 주 조직연합체이다. 각각 하 나의 독립적인 조직으로 재정과 활동의 독립성이 보장되어 있으며, 주(州)조직은 총수입의 70%를 자체수입으로 책정하고 30%는 중앙 재정에 귀속시키고 있다.

미국의 COMMOM CAUSE[6]와 독일의 BUND 의사결정과정의 특징을 살펴보면 회원의 자격과 권리 의무를 명확히 규정하고 있 으며 회원참여에 독립기반을 두고 있다. 총회가 최고의사결정기구 이며, 분권적 조직이 특징으로 조직의 협조체제를 강조하고 있다.[7]

---

4) 양현모, NGO 의사결정과정, 서울: 한국행정연구원, 2000, p.200.

5) 독일환경 자연보호 연합(Bund fur Umwelt und Naturschutz Deutschland e V): 약자로 BUND로 표기하고 있다.

6) 1970년 전직 보건·교육·복지부장관이었던 John Gardner에 의해 창립되었으며, 현재는 회원이 20만 명이 활동하고 있다. Common Cause는 정직하고 열려 있고 투명한 정부를 만 들자는 것이 창립정신이다. 모든 사람은 조직되어 있으나 오직 국민만이 조직되어 있지 않다 고 판단하여 의회에 대하여 전문적인 감시활동을 하고 있다.

지역4 - H본부는 시민단체로서 권위를 높여가야 하며, 이를 위하여 회원 수의 적정성을 유지하며 재정자립을 통한 독립성과 자율성을 높이고 민의, 공익성, 전문성에 입각한 적절성을 지녀야 한다.[8] 친관적이고 반시민사회 운동의 성격을 띠어서는 안 되기 때문이다.

한국4 - H본부와 지역4 - H본부 같은 분권적 사회운동조직은 장단점을 지니고 있다. 장점을 적극적으로 활용하고 단점을 보완하여 나가야 한다. 장점으로는 작업프로젝트성원뿐만 아니라 비회원도 끌어내는 능력과 문화적 영향력을 행사하는 다양한 영역활동의 개입능력이다. 단점으로는 하위단위 참여획득의 곤란과 중앙조직과 하부단위 간의 경쟁으로 조직 간의 갈등이 생길 수 있다. 재정적 안정의 결여와 신규회원 통합이 곤란하며 내부갈등과 전략집행에 있어서의 문제가 발생하게 된다.[9]

3. 조직의 성장과 실패

모든 조직은 시대 환경과 여건에 따라서 흥하기도 하고 망하기도 하였다. 현대사회에서 성장하는 조직과 실패하는 조직은 어떠한 요인이 있기 때문인가를 살펴보기로 한다. 먼저 성장하는 조직은 조직의 분명하고 명료한 목표가 설정되어 있으며 실천 가능한 구체적인 사업이 투명하게 추진되고 있다. 조직구성원의 결속의식이

---

7) 양현모, 전게서, pp.30 - 34.

8) 백재창, 정부와 NGO, 서울: 법문사, 2000, p.13.

9) Suzanne Staggenborg, "Stability and Innovation in the women's Movement: A cririque of Two Movement Organizations", Social problems, 36, 1989, p.88.

강하며 조직의 자립성과 자생력이 강하다. 구성원 모두의 지도력이 평준화되어 빠르게 성장하여 발전을 갖게 된다. 조직이 활동하고 있는 지역사회주민이나 다른 사회시민들의 적극적인 지지와 협조를 받으며 함께 노력해 갈 때 성공할 수 있다.

조직이 실패하여 소멸하게 되는 경우는 조직의 목표가 결여되어 구성원들이 정확하게 인식을 못 하고 있을 때이다. 조직의 체계와 기능이 제대로 발현되지 않아서 약체성을 띠게 되며 조직구성원의 수준이 저하될 때에 조직은 실패하게 된다. 조직이 비합리적이고 비효율적이며 방종적인 운영은 결코 성공할 수 없으며 조직의 지도자가 공익을 멀리하고 사리사욕을 우선시하며 자생능력이 결핍되었을 때 조직은 소멸하게 된다.[10] 물론 조직의 성패에는 지도자의 능력과 신념에 커다란 영향을 미치므로 지도자를 선발하여 교육 훈련시켜서 육성하는 일이 중요하다. 조직은 자금이라는 말처럼 조직운영에 필요한 공동기금을 조성하고 구성원의 질적 수준을 높여가는 일이 중요하다. 이에 따라 흥망성쇠가 판가름 날 수 있기 때문이다.

Ⅲ. 지역4 - H본부의 운영실태 분석

한국4 - H본부는 47년의 역사 속에 4 - H 발전을 위하여 일익을 담당해 왔다. 1954. 11. 10. 한국 4 - H구락부 중앙위원회가 고명한

---

10) 정하성, 농촌지역사회개발론, 서울: 백산출판사, 1995, p.152.

유지, 실업가 130명을 회원으로 출발하여 4-H회원에 대한 표창, 과제 지원부대사업, 기관지 발간 사업을 추진해 왔다.[11] 한국 4-H 중앙위원회의 명예총재가 이승만 대통령이고 명예부총재가 이기붕 부통령이었다. 조직의 생성이 정치권력에 의해서 이루어져 구성원의 참여자가 상류계층사람들이었다.

이들이 4-H회원들의 지도방향을 결정하고 과제를 선정하는 데에는 한계와 모순투성이었다. 기형적인 조직의 출발은 많은 문제를 지닌 채 일선 4-H회원의 욕구와는 거리가 먼 정치논리와 기성세대의 시각에서 지도되었고 볼 수 있다. 이러한 친정치적 관계와 권력의 개입은 지금까지 이어져 오고 있다.

반세기 동안 한국 4-H회를 지원하고 후원해 온 4-H본부의 연혁을 살펴본다. 4-H본부는 2001년 2월 7일에 한국4-H후원회, 한국4-H연맹, 한국클로버동지회가 통합되어 새로이 출범하게 되었다.

목표가 같은 선배후원조직이 여러 개 있을 경우 중복되는 활동으로 시간과 재정이 낭비되고 후배 4-H회원들에 부정적인 영향을 미칠 우려가 있다. 물론 다양한 활동과 특성화된 후원을 기대할 수 있는 장점도 있기 마련이다. 그러나 한국4-H본부의 탄생을 전자의 논리를 수용하여 단일조직으로 탄생시키게 되었다.

---

11) 김갑용, 4-H 구락부지전서, 서울: 농사원교도국 1975, p.171.

〈표 3-1〉 한국4-H본부연혁

시기	주요 내용	비고
1954. 11.	한국4-H구락부중앙위원회 창립	회원 130명
1963. 4.	4-H국제기술교환훈련실시	
1963. 6.	'한국4-H신문' 창간	다브로이드판
1974. 2.	'한국4-H연맹' 개칭	
1979. 2.	'한국새마을청소년후원회'로 개칭	새마을 본부에 사무실
1979. 8.	제1회 전국4-H야영대회 개최	
1987. 12.	한국 4-H운동 40년사 발간	새마을 청소년후원회
1998. 10.	'한국4-H후원회' 개칭	
1990. 6.	한국4-H회관 건립	
1997. 2.	한국 4-H회관 증축	
1997. 7.	'농촌청소년문화연구소' 설립	
1997. 10.	4-H운동 50주년 기념상 건립	4-H 선배모금 참여
1998. 12.	4-H교사 연찬교육 실시(제1회), 한국4H운동 50년사 발간	
2000. 2.	제1회 학교 4-H회 대상 시상	
2001. 2.	'한국4-11본부' 개칭	

<표 3-1>에서 보듯이 한국4-H본부가 4-H회원의 국제교류, 신문과 책자발행 등 홍보사업, 연합회활동, 시상, 기념물 건립, 연구활동 등의 사업을 추진해 왔다. 특히 500만 4-H인의 이용공간이 된 4-H회관을 건립한 일은 커다란 의미가 있다. 반세기 동안 많은 변화와 역경을 거치면서 오늘의 4-H본부가 존재하게 되었다.

1954년 창립 당시에는 4-H회원의 격려 차원에서 표창사업을 많이 추진하여 왔다. 4-H회원에게 자긍심을 심어주고 정신적이고 심리적인 보상방법을 충분히 활용하였다.

4-H중앙본부와 지역4-H본부와 유기체적인 관계유지가 극히 부족한 실정이다. 중앙 본부와 시도 본부 및 시·군 본부가 정보와 자원을 함께 공유하고 지역 특색사업을 상호 협력하여 지원하는

사업이 미흡한 현실이다. 이를테면 4－H본부를 홍보하는 site의 공동개발과 운영 그리고 공동순회지도 프로그램 등이 그러하다.

전국 시·군 4－H지역 본부의 조직 유형을 보면 임의 단체가 95개로 71.4%를 차지하고 있고, 조례 규정에 의하여 조직된 단체가 38개로 28.6%[12]를 차지하고 있으며 조직대표인 회장은 행정 공무원이 34명(25.6%), 지도직 공무원 5명(4%), 민간인 94명(71%)이다. 4－H본부가 민간조직체임에도 불구하고 아직까지 공무원이 30%나 겸하고 있는 것은 자율성과 정체성을 파괴하는 일이다. 당연히 4－H인으로 교체되어야 한다.

지역4－H본부의 기금을 보면 총 123억 1,560만 원이며 시·군당 평균 9,260만 원이다. 기금운용은 제일·제이 금융권에 예금하여 이자수입(연 5～6%)을 활용하고 있는데 저금리 시대에 매우 불합리한 방법으로 적절한 투자처 개발과 기금 운용의 합리성과 효율성이 요구된다.

4－H회 활동 지원 내용을 보면 1999년의 경우 총 56억 원 중 교육행사에 30%, 교육훈련에 10%, 과제활동에 34%, 연합회 활동에 11%, 기타에 14%를 지원하고 있다. 예산지원이 주로 과제활동과 교육행사에 치중되어 있는데 회원의 다양한 욕구를 충족시켜 줄 수 있는 프로그램 진행에 예산지원 비중을 높여야 한다.

지역4－H본부의 재원조달 방법이 주로 지방정부의 예산지원에 의존하고 있다. 1999년 4－H회 지원금 56억 원 중 62.5%인 35억 7,000만 원이 지방비 지원이고 지역 본부자금은 26.8%인 15억 원[13]

---

12) 농촌진흥천, 지식정보화 사회의 4－H 육성강화방안, 수원: 농촌진흥청, 2000, p.20.
13) 이 기금도 지방자치 단체의 지원금으로 조성되었다.

이며 기타가 0.9%이다. 자금을 지방지치단체에 의존하므로 정치논리에 입각한 활동이 우려되며 실제로 시장·군수가 선거 때 4-H본부를 이용하고 있는 사례를 볼 수 있다. 4-H지역본부의 자금은 모두가 지방보조금이며 이 중 극히 일부(1% 이내)가 간부들이 출연하고 있다.

전국 지역4-H본부의 사업내용을 보면, <표 3-2>에서 나타나듯이 우리나라 11개 시·도 광역지역 4-H본부의 활동은 대동소위하고 지역문화의 특성사업이 없는 실정이다. 전국 4-H본부 회장의 2001년도 새해설계의 공통된 내용은 학교 4-H, 영농4-H, 일반4-H회원 확보를 위하여 조직을 확대하고 회원중심의 4-H회를 운영하며 회원욕구에 따른 프로그램을 실시한다. 지식정보화 사회에 지덕노체 이념실천을 위하여 노력하며 도전정신, 창조능력을 배양시킨다. 뚜렷한 목표를 정하여 정체성을 확립하고 나부터 변화하여 농업과 농촌사랑운동을 실천해 가도록 한다[14]는 것이다. 이러한 회장과 간부들의 새해 설계와 구상은 회원들의 공감과 동의를 받지 않은 데에 문제가 있다. 소수와 두 결정 독주체제가 커다란 문제이다.

---

14) 한국4-H신문, 서울: 한국4-H본부, 2001. 1. 1, pp.4-5.

〈표 3-2〉 2000년도 전국 지역4-H본부 사업내용[15]

구 분	내 용	실시 시·도	비 고
회의 참석지도	4=H연시, 연말총회, 중앙연합회, 영농4-H월 계회	11.	
4-H회원 및 지도자교육훈련	임원지도력배양, 영농 4-H회원 및 지도자 정보화교육, 여회원교육, 소양교육, 핵심영농4-H회원교육, 컴퓨터교육, 야영교육, 연찬교육, 영농분야별교육, 과제교육, 벤처농업기술교육, 진로지도교육, 학교 4-H전일교육, 교양정서교실, 취미교육	9	지도력개발 교육이 많음 전남, 제주만 교육활동이 없음
국·내외 연수사업	4-H회원해외연수, 국내연수, 4-H지도교사 해외연수, 우수회원해외연수, 4-H지도자 및 후원인사해외연수, 우수4-H 및 지도자해외연수, 하계수련활동·선지지견학	6	경기, 충남, 전남, 경북, 경남, 서울
4-H활동지원사업	소년소녀가장돕기, 모금봉사활동, 꽃마음한마음운동, 사회복지시설봉사활동, 야생화탐사, 환경보전실천대회, 문화탐방, 도농교류, 문고발행, 문고발행, 고향가꾸기, 농산물직판장운영, 농산물보내기운동, 전통민속놀이	11.	도·농문화탐방과 도·농교류사업을 11개
4-H회원복지사업	4-H경진대회, 농어촌청소년대상, 경인봉사대상, 장학금수여, 과제자금지원 도서구입, 우수회원표창, 대상시상식, 4-H활동비지급	11	표창은 경기, 충북, 대전시만 실시함. 활동비는 제주도만 지급함.

    현장의 지역4-H본부 운영실태를 보면 회의참석지도, 교육훈련, 연수사업 등은 본부 임원과 회원들의 소수만 참여하는 사업으로 일반회원의 관심과 참여의식이 매우 희박하다. 직접참여에 있어서는 선택회원과 비선택 회원 간의 갈등과 참여의지가 심각한 문제이다. 직접 참여하는 회원은 활동의 의미와 보람을 체험하지만 간접 참여회원들은 소외감 속에 유의미성을 느끼지 못하여 갈등관계를 형성하게 된다. 활동지원사업과 복지사업이 간접참여방식으로 추진되므로 4-H회원지도와 후원활동에 실감나는 희열과 보람을 느끼지 못하고 있다.

---

15) 한국4-H후원회, 4-H후원사업 종합보고서, 2000, pp.123~135를 분석하여 재편성하였음.

Ⅳ. 지역4-H본부의 활동방안

4-H회원을 후원하고 지도하려는 지역4-H본부가 활성화되기 위해서는 사업추진역량을 강화시키는 노력이 필요하다. 사업역량의 강화를 위해서는 조직구성의 건전화와 기금운용의 합리화 그리고 다양한 사업전개를 통하여 회원의 자발적 참여도를 높여가야 한다.

지역4-H본부의 사업내용을 다양화시키고 회원의 참여를 촉진시키는 일이 선행되어야 하며, 회원들의 관심분야와 전문성 관련 프로그램을 진행하여야 한다. 물론 사업 추진도 역할을 분담하여 추진해 가는 것이 바람직스럽다.

참여를 추진시키기 위하여 경제적, 심리적, 사회적, 문화적으로 다양한 보상체계를 확립하여 참여를 유인해 가야 한다. 참여자가 참여에 투여되는 시간과 경비보다 더 많은 보상이 돌아온다는 확신을 갖도록 하는 참여의 기본 원리를 존중해 간다.

지역4-H본부의 사업추진 조직도 체계적이고 합리적으로 재구성되어야 한다. 지역 본부회장을 일부 지역의 경우 공무원이 담당하고 있는데 이를 4-H출신 민간인으로 교체하고 순수한 민간후원지도 조직으로 체계를 개편해 가야 한다. 지역 본부를 활성화시킬 수 있는 한 가지 방안으로 조직구성의 합리화가 절실하다. 회장단, 운영이사, 사무국운영의 기능이 보강되어야 한다. 사무국직원은 청소년지도사 자격소지자로 전문성을 지닌 사람이 근무하도록 한다. 회장단과 운영이사는 재정출연이 가능한 사람으로 하며 감사는 공인회계사를 선정하도록 한다. 원만한 조직운영을 위한 예산확보가 필요하다. 지역4-H후원회의 구체적인 사업 개발을 위한 전문가로 위원회를 구성하여 자문을 받아 운영해 가야 한다.

앞으로 실시될 예정인 5일제 근무에 따른 4-H회 운영 지원 대책을 수립하여 미래의 4-H회 지원사업 계획수립이 필요하다. 도·농 교류를 중심으로 도시민의 농촌지역활용 프로그램을 연구 개발하고 실시계획을 철저히 수립하여야 된다. 4-H본부가 4-H회를 미래지향적이며 한발 앞서가는 후원과 지도사업을 하여야 한다. 4-H본부의 사업 추진강화 방안을 몇 가지로 제시해 본다.

첫째, 지역사회 주민, 4-H회원, 공무원과 4-H육성기관 단체와의 유기적인 협조체계를 강화시켜서 사업을 추진해 간다. 지역사회주민이 외면하고 4-H회원이 요구하지 않으며 관계 공무원이 외면하는 사업을 추진해서는 결코 안 된다. 상호협력관계를 형성한 후 역할을 분담하여 사업을 추진해 간다. 함께하는 협력사업만이 성공적으로 추진할 수 있다.

둘째, 조직이론과 성공사례를 존중하며 사업을 추진해 간다. 지역 4-H본부의 조직활성화 요인을 강화시키고 조직 장애요인을 제거하면서 사업내용과 조직운영 성공사례를 바탕으로 사업을 추진한다.

셋째, 지역4-H본부도 NGO단체로서 역할과 기능을 다하며 다른 NGO와 협력하여 사업을 추진해 간다. 지방정부와 중앙정부의 행·재정의 지원을 받으므로 행정기관 지도기관의 요청에 따라 활동하는 지역4-H의 현실은 존재이유가 불분명하다. 정체성을 확립하여 독립된 자발적인 NGO로 역할과 기능을 다해 가야 한다. 지역 NGO협의회에 가입하여 상호 협력하며 지역발전에 기여해 갈 때 사업 추진 역량을 강화시킬 수 있다.

넷째, 중앙 본부와 지역 본부의 역할분담과 협력을 통하여 효율적인 사업을 추진해 간다. 중앙 본부에서는 지역특색 사업을 추진해 가는 데 재정, 기술, 방법 등을 지원해 주고 지역 본부는 사업결과와 현장의 소리를 전해 준다. 상호협력과 보완체계를 확립하여 사업을 추진해 간다.

다섯째, 지역4 – H본부 사업내용이 지역개발에 기여할 수 있는 것으로 지방자치단체와 협력하여 추진해 간다. 지역주민의 지지를 받지 못하고 지역실정에 적응하지 못하는 조직은 활동의미를 찾기 어렵다. 지역4 – H본부의 사업이 반드시 지역개발에 기여할 수 있는 차원과 범위에서 실시해 갈 때에 사업추진이 강화된다.

여섯째, 지역4 – H본부의 조직을 활성화하여 지역문화운동과 연계하여 사업을 추진해 간다. 지역문화를 활성화시키고 창조하는 사업을 추진하여야 한다. 경제적 후원의 수준을 넘어 사회·문화·교육·정치적인 활동을 연계할 필요가 있다. 4 – H본부의 주된 기능은 4 – H회원의 육성을 위한 지원에 있음을 인식하여야 한다.

일곱째, 지역4 – H본부의 자생력과 독립성 그리고 정상성을 확립하여 사업을 추진해 가야 한다. 지역4 – H본부는 문호를 개방하고 4 – H출신 선배 찾기 운동을 전개하여 회원을 확충하고 회비를 징수하여 자생력과 독립성을 키워가야 한다. 행정기관과 지도기관은 손쉬운 관리를 위하여 회원확대를 직간접으로 막고 있다. 4 – H선배로서 정상성을 존중하며 후배와 공익을 위한 후원사업을 추진해 갈 때에 성공할 수 있다.

여덟째, 4 – H본부는 농촌청소년문화창조에 대한 연구사업을 추진해 간다. 4 – H문화가 흙의 문화에 기초한 것이기 때문에 정직하고 진실한 생활을 토대로 한 농촌청소년문화의 적극적인 개발과 육성을 위한 연구활동을 추진해 간다. 행정 기관의 맹종조직이라는 허물을 벗고 4-H회원의 존경을 받는 자생조직으로 4-H본부가 거듭나지 않으면 안 된다.

Ⅴ. 농어촌 청소년과 4-H문제

　행정기관의 재정적 지원과 지도기관의 행정적 지원 속에서 순수 관변 단체로 형식성에 충실한 4-H본부가 자생적이고 독립성이 강한 조직으로의 변화를 절실히 요구하고 있다. 현재의 지역4-H본부는 관치맹종단체로 자율성과 자생성이 매우 희박한 조직체이다. 이를 순수 민간 자생단체로 육성시켜 갈 때에 사업추진력도 강화될 수 있다. 탈이데올로기와 정보화 시대를 살아가고 있는 4-H회원의 특성 속에 4-H회를 지원하고 지도하기 위해서는 더욱 절실하기 때문이다.

　우리나라의 참여자치나 경실련 등의 다른 NGO단체의 조직운영과 사업추진을 살펴보고 독일·미국의 NGO활동을 참고하여 지역4-H본부의 실정에 맞는 사업을 추진해 갈 때 존재의미를 찾을 수 있고 성과 달성을 기대할 수 있다.

　지역4-H본부가 진정으로 지역 주민과 함께하여 지역문화를 창달하고 지역개발사업에 기여하는 가운데 4-H회원을 지원하고 격려해 주어야 한다. 반세기의 역사 속에 존재해 온 4-H본부가 4-H

출신 선배가 참여하여 이끌어 가는 4-H문화 공동체로 성장해 가야 한다. 근본적으로 참여조직 구성원의 의식과 욕구가 같을 때 조직 목표를 달성할 수 있으며 사업 추진을 효율적으로 강화시킬 수 있다.

기금 조성이 회원의 회비납부에 의해 이루어지고 조직구성원이 의무와 권리행사를 이행할 수 있는 조직수준을 높여 가야 한다. 다양한 공익성과 미래성 높은 프로그램을 운영해 간다. 4-H본부의 목적에 충실한 지도와 후원사업을 자립적이고 자발적으로 추진해 가기 위해서는 조직구성과 운영의 합리화를 꾀해 가야 한다.

4-H본부의 임원직을 4-H인으로 전원 교체하고 사무국요원은 청소년지도사로 교체하고 감사는 공인회계사가 맡도록 하며 본부 회원가입을 확대하여 사회적 관심과 분위기를 제고시켜 간다.

기금관리의 효율성을 위한 전문성, 안전성, 수익성을 고려한 투자처를 개발하고 조직운영관리의 합리화 노력을 꾀해 가야 한다. 4-H본부회원은 물론 4-H회원, 일반 시민이 지지하고 희망하는 후원과 지도사업을 성실히 해 갈 때 사업추진활동을 강화시킬 수 있는 기본이 된다. 모든 활동을 4-H본부의 목적에 따라서 전문화된 4-H인력을 활용하고 관리하며 휴면되고 잠재된 5백만 4-H인의 자원을 적극 활용하는 지혜를 모아 사업 추진을 강화시켜 가야 한다.

참고문헌

김갑영, 4 – H지도전서, 서울: 농사원교도국, 1957.

김진균역, 조직사회학, 서울: 도서출판풀빛, 1987.

한국4 – H분부, 한국4 – H신문, 2001. 1. 1.

4 – H후원사업 종합보고서, 서울: 한국4 – H후원회.

진세혁 외, '사회문제의 공공의제설립' 지역사회개발연구, 평택: 평택대학교 지역사회개발, 1996.

박재창 편, 정부와 NGO, 서울: 법문사, 2000.

양현모, NGO의사결정과정, 서울: 전국.

조식주 외, 지역NGO의 지방자치단체정책참여방안, 서울: 한국지방행정 연구원, 2000.

정하성 외, 농촌지역사회개발론, 서울: 백산출판사, 1999.

http://www. korea4 – h.or.kr/korea4h/h:story.asp.

김수현, 제2차 시민패트롤 서울포럼, 서울YMCA, 1998.

조석준, 조직론, 서울: 법문사, 1984.

Suzanne Staggenborg, "Stability and Innovation in the women's Movement: A cririque of Two Movement Organizations", Social problems, 36, 1989.

4-H출신 지도자 활용방안

Ⅰ. 4-H출신자의 현주소

한국 4-H회의 조직 약화요인 중 하나는 실질적인 지도자 부족으로 볼 수 있으며 이를 선배출신을 합리적이고 체계적으로 활용하는 방법을 모색할 필요가 있다. 57년의 역사 속에 성장해 온 한국4-H회가 500여만 명의 선배를 배출했음에도 지도자 부족과 선후배 간의 유기적인 관계부재로 정체에서 벗어나지 못한 채 위기를 맞고 있는 현실이다. 4-H선배들은 청소년기를 4-H활동을 통하여 추억과 꿈을 키우고 우정을 만들어 왔다. 이것이 후일 생활 속에 연계되지 못하고 있어 선후배 간의 관계가 단절되어 4-H발전에 기여하지 못하고 있다. 60~90년대에는 50만~100만 명의 4-H회원이 활동[1]하였던 4-H회가 지금은 6만 명 정도(이 중 영농4-H회원은 2003년 현재 13,775명)에 머물게 된 요인 중의 하나로 볼 수 있다.

이것은 농촌인구의 감소와 농업에 대한 매력 상실 등의 많은 원인이 있으나 사회관계차원에서 접근해 볼 때에 선배의 지속적인 참여에 의한 지도자 역할 부재도 한 요인으로 볼 수 있다.

지금은 농민이 전체 인구의 8%에 불과하며 농촌이 공동화되고 농업이 사양산업으로 전락되면서 영농4-H회원 수가 크게 감소되어 학교4-H회원보다 수적으로 크게 감소되고 있는 현실이다. 일

---

1) 농촌진흥청. 한국4-H본부, 4-H과제활동 교육교재, 서울: 한국4-H본부 부설 농촌문제연구소, 2003. pp.1-1-16.

선 농업기술센터에서는 학교4－H회 지도에 더 공을 들이는 기현상을 보이고 있다. 대부분의 4－H선배들이 도시에서 살고 있으므로 농촌회원과 상호 간의 교류를 활성화할 수 있는 좋은 방법이 있음에도 이루어지지 않고 있는 현실이다.

한국4－H본부가 중심이 되어 선배조직을 하나로 통합하려 노력하였으나 본부의 문제와 일선조직의 외면과 반발로 인하여 가시적인 성과를 거두지 못하고 있다. 4－H 3대 선배조직인 한국4－H본부, 한국클로버동지회, 한국4－H연맹 그리고 지역사회에 산재해 있는 다양한 친목형 조직을 통합하여 자생력을 갖춘 하나의 전국 조직화할 수 있는 역량을 모으는 노력이 절실하다.

조직은 구성원의 참여 동기 부여가 우선되어야 하는데 이를 위한 촉발요인은 다양한 보상요인에 의한 유인과 의식변화에 따른 참여의식 고취로 볼 수 있다. 이의 실현으로 부족한 지도자를 확보하고 공감대를 형성하여 선후배의 돈독한 인간관계를 맺어 가므로 육성지도에 효과를 기대할 수 있다.

Ⅱ. 이론적 배경

1. 조직의 약화요인

조직은 사회변동의 산물로서 사회 환경과 여건 그리고 사회적 요구에 따라서 생성되거나 소멸되어 간다. 변화된 사회 환경에 따라

적응하지 못하고 구성원의 욕구에 반하는 활동을 할 때에 조직의 가치는 상실할 수밖에 없다. 지속적으로 성장하는 조직은 분명하고 명료한 목표가 설정되어 구성원들로부터 적극적인 지지를 받게 된다. 그렇지 못한 조직은 철저하게 외면받게 된다. 목표달성을 위한 실천 가능성이 희박하고 구체적인 사업을 투명하지 못하고 공정하게 추진해 가지 못할 때에 조직은 약화되거나 소멸할 수밖에 없다. 조직구성원의 결속의식이 부족하고 조직의 자립성과 자생력이 떨어질 때에 성장은 이루어지지 않는다. 구성원 모두의 지도력이 평준화되어 있지 못하고 의견 통합이 신속하게 이루어질 수 없을 때에 빠르게 성장할 수 없으며 발전할 수 없다.

조직목표가 분명하지 못하고 명료하지 못하여 실천 가능한 구체적인 사업을 투명하게 추진할 수 없을 때에 조직은 약화되기 마련이다. 일반적으로 조직이 실패하여 소멸하게 되는 경우는 조직의 목표가 결여되어 구성원들이 정확하게 목표에 대한 인식을 못하고 있을 때이다. 조직의 체계와 기능이 제대로 발현되지 않아서 약체성을 띠게 되며 조직구성원의 수준이 저하될 때에 조직은 실패하게 된다. 조직의 비합리적이고 비효율적이며 방종적인 운영은 결코 성공할 수 없다. 조직의 지도자가 공익을 멀리하고 사리사욕을 우선시하며 자생능력이 결핍되었을 때에 조직은 소멸하게 될 수밖에 없다.[2] 조직의 약화는 내외적인 요소가 상승작용을 했을 경우 빠르게 약화되거나 소멸될 수 있다.

조직의 성패는 지도자의 능력과 신념에 따라서 커다란 영향을 미치므로 지도자를 선발하여 교육 훈련시켜서 육성하는 일이 중요

---

2) 정하성, 농촌지역사회 개발론, 서울: 백산출판사, 1995, p.152.

하다. 조직은 자금이라는 말처럼 조직운영에 필요한 것으로 공동기금을 조성하고 구성원의 질적 수준을 높여 가야 한다. 이에 따라서 조직의 흥망성쇠가 판가름 나기 마련이다.[3] 조직은 구체적인 목표의 달성을 위하여 구성원이 의무와 권리를 다하며 상호신뢰와 이해로 통합성을 유지하며 자발적으로 활동하여 가는 정상성을 상실하였을 때에 약화될 수밖에 없다.

조직구조가 전문화, 표준화, 공식화, 중앙집권화, 배열의 차원에서 원칙과 기능이 잘 발현되지 못하였을 때에 약화될 수밖에 없다. 변동하는 지역사회 환경에 적응하며 청소년의 요구가 충족될 수 있는 조직 활동이 잘 이루어지지 않을 때에 조직은 약화되기 마련이다.[4] 조직구성원의 다양한 욕구를 충족시켜 주지 못할 때에 참여의지는 감소될 수밖에 없다. 조직참여에 따른 중복적인 보상지원체계가 이루어지지 못할 때에 조직은 활성화되지 못한다.

2. 조직행동 강화유형과 지도방법

조직은 강화를 통하여 구성원의 행동변화를 유도할 수 있다. 행동에 영향력을 행사하기 위하여 사용할 수 있는 강화전략에는 적극적인 강화, 부정적 강화, 소거, 벌 등의 네 가지가 있는데 적극적 강화와 부정적 강화는 바람직한 행동을 촉진시키기 위해 사용되고 소거와 벌은 바람직하지 못한 행동을 감소시키기 위해 사용 된다.[5]

---

3) 한국4-H본부 부설 농촌청소년문제연구소, 서울: 한국4-H본부, 2001, p.29.
4) 오치선 외, 청소년 조직행동론, 서울: 솔 과학, 2002, p.242.
5) 정경섭, 조직행동론, 서울: 법문사, 1996, pp.128-13.

첫째는 적극적 강화(positive reinforcement)는 바람직한 행동의 빈도나 범위를 증가시키기 위하여 사용된다.

둘째는 부정적 강화(negative reinforcement)는 불쾌한 결과나 벌을 제거함으로써 어떤 행동의 빈도를 증가시키기 위하여 사용된다. 보상의 부여보다 벌이나 벌의 위협의 제거를 말한다.

셋째는 소거(extinction)는 강화작용의 결여로 자율적 행동이 유지되지 못한다. 행동이 보상받지 못하게 되면 그의 빈도가 감소되어 마침내 사라지게 된다.

넷째는 벌(punishment)은 바람직하지 못한 행동에 대하여 불쾌한 결과를 주거나 적극적 강화요인을 제거하는 것을 말한다.

다섯째는 합성전략으로 위의 네 가지 강화전략을 합성으로 사용할 때에 효과를 얻을 수 있다.

조직행동 강화는 두 가지가 있는데 하나는 일정한 시간을 두고 강화하는 것이고 다른 하나는 강화대상의 강화에 대한 반응을 보고 강화해 가는 방법이다. 여기에는 연속 강화법과 단속강화법이 있는데 전자는 청소년들이 정확한 반응행동을 보일 때마다 강화요인을 적용하는 방법이다. 후자는 부분강화라고 하며 보통조직의 보상을 관리하는 데 사용된다. 단속강화법에는 칭찬, 수상, 인정 등을 들 수 가 있다.

단속강화법에는 고정간격법, 변동간격법, 고정비율법, 변동비율법 등 네 가지가 있다. 이러한 방법을 조직의 특성과 여건에 따라서 적절하게 적용하여 조직을 강화시켜 가야 한다.

3. 조직생성이론

기존조직이 변화된 사회적 요구를 수용하지 못하거나 거부하여
구성원의 불만을 고조시켜 갈 때에 새로운 조직의 탄생을 기대하
게 된다. 과거의 여러 가지 기능을 맡았던 구조가 여러 개의 전문
화된 구조로 나누어지는 구조분화(structural differentiation)가[6] 사회
발전과 변동에 따라서 이루어지게 된다.

조직의 생성은 구성원 여건과 상황 등에 따라서 차이를 나타내
나 일반적으로는 비슷한 원리가 적용되고 있다. 여기에서는 Murray
Ross[7]의 주장을 수용하고자 한다.

첫째, 구성원의 불만은 결사체를 생성시키고 육성 발전시켜 간다.
공통된 불만은 새로운 조직체에 참여시키고 결속시키기 위한 중요한
동기가 된다. 구성원의 이해와 신념을 달리하는 사람들이 참여하므
로 긴장과 갈등이 생길 수 있으나 조직의 모순을 시정한다는 강한
신념으로 극복하여야 한다.

둘째, 불만은 특정문제에 대하여 계획을 세우고 실천에 옮길 수
있도록 집약되어야 한다. 불만은 그 자체가 확실치 않은 가치에 속
하며 실제적인 활동을 전개하기 위하여 집약되고 구체화되어야 건
설적 행동에 도움이 된다.

셋째, 조직을 위한 불만은 잠재적 구성원들에게 광범위하게 분산
되어야 하며 불만은 소수집단들이 권익을 신장시키기 위하여 규합

---

6) 오갑환, 사회의 구조와 변동, 서울: 박영사, 1990, p.270.
7) Murray G. Ross, Community Organization Theory, Principles, and Practice, 2nd ed.
   (New York: Harper and Row, Publishers, 1967), chapters 6 and 7.

하는 도약대 역할을 하게 된다.

넷째, 결사체는 지역사회의 중요한 군소 집단을 확인하고 군소
집단에 의해 인정되는 지도자를 포함하여야 한다.

다섯째, 결사체는 지역사회 주민들로부터 고도의 지지를 받을 수
있는 목표와 방법을 가져야 한다.

여섯째, 조직체의 사업은 조직원과 지역사회 주민들의 정서적 내
용을 지닌 활동이 포함되어야 한다.

일곱째, 조직체는 지역사회에 존재하고 있는 현재적, 잠재적 선
의를 활용하도록 노력하여야 한다.

여덟째, 조직체는 구성원 상호 간에 있어서 지역사회와 활발하고
효과적인 전달망(Line of communication)을 개발하여야 한다.

아홉째, 조직체는 협동적 노력을 위하여 참여하는 여러 집단을
지원하고 강화하여야 한다.

열째, 조직체는 공식결의 과정을 해하지 않는 범위 내에서 조직
절차상 신축성을 지녀야 한다.

열한째, 조직체는 지역사회 상황에 관계되는 활동의 보조를 발전
시켜 가야 한다. 열두째, 조직체는 유능한 지도자를 개발하는 데 힘
써야 한다.

열셋째, 조직체는 지역사회에 있어서 힘, 안정, 신망을 발전시켜
가야 한다.

조직구성원의 다양한 요소가 균형을 유지하며 상호 협력성이 높
을 때에 조직은 목적을 달성할 수 있으며 진취적으로 발전해 갈 수
있다. 조직구조의 전문화, 표준화, 공식화, 중앙집권화, 배열의 차원
에 대하여 알아본다.

첫째, 전문화는 조직 내의 분업과 전문가에 의해서 수행되는 기능이 숫자에 따라서 조직구조가 달라진다.

둘째, 표준화는 모든 상황을 망라하고 변함없이 적용되는 규칙적인 정의들이 존재할 때에 절차가 표준화된다.

셋째, 공식화는 한 조직에서 의사전달과 절차들이 기록되고 보관되는 범위를 구분하게 된다.

넷째, 중앙집권화는 조직에 영향을 미치는 의사결정을 할 수 있는 권위의 소재지이다.

다섯째, 배열은 모든 조직이 권위구조를 가지고 있다.[8] 조직 간의 상호의존성이 없을 때에 조정이 없으며 이와 통합의 양극 간에 존재하는 각양의 상호의존 상태에서 상호의존 관계에 있는 조직의 수, 상호의존성에 관한 이들의 인식도, 상호교류작용의 표준화 정도[9]에 따라서 조직 간의 조정관계가 달라진다.

따라서 중앙조직과 지역조직 간의 조정관계 요인을 파악하여 미흡한 요인을 보완하고 상호 합일된 관계기준을 설정하는 일이 필요하다.

Ⅲ. 4-H 지도자 실태와 문제점

1. 4-H 선배지도자 조직실태와 현황

한국4-H선배 조직은 잠재적 인적, 물적 자원이 많음에도 불구

---

8) 김진규 역, 조직사회학, 서울: 도서출판 풀빛, 1987, pp.234-236.
9) 조석준, 조직론, 서울: 법문사, 1984, p.24.

하고 실질적으로 참여하는 사람이 극소수이다. 2003년 기준으로 영농4-H회원은 13,775명으로 한 개 시, 군당 약 183명이 활동하고 있으나 이들은 현역 회원활동을 마친 후에 농어민 후계자 조직이나 지역 농민단체에 흡수되고 있어 4-H회가 지도자 부족난을 겪고 있다. 지역4-H본부 또는 후원회 회원들이 대부분 40대 이상으로 구성되어 있어 현역 활동을 마친 후 바로 연계가 되지 않고 있는 조직의 문제가 있다. 여기에는 노령층의 독점의식과 세대 차이에 따른 견해 차이가 작용한 것으로 볼 수 있다.

일선 시, 군 4-H본부 또는 후원회의 인적 구성의 모순과 문제이다. 회원은 대부분 15-30명의 퇴직공무원과 관내 농협조합장 등 기관장과 지역 유지중심으로 조직되어 있다. 대부분의 선배들이 4-H활동에 무관심하며 일부만이 관심을 갖고 활동에 참여하고 있으나 이마저 활성화되지 않고 있다. 현재 우리나라에는 한국4-H본부, 한국4-H연맹, 한국클로버동지회, 3개의 대표적인 선배조직체가 2001년 2월 7일에 한국4-H본부로 통합 발족되었으나 완전 통합에 실패하였다. 도 단위 가입 단체는 강원도와 경남이고 광역시는 대구시와 인천시로 전국 16개 중 25%인 4곳에 불과하다. 기초자치단체는 157개 시, 군, 구, 중 고성, 군산, 강릉, 거창, 사천 등 5곳인 3%에 불과하다.[10]

대부분 지역에 거주하는 4-H선배들은 여전히 통합에 관심이 없다. 통합한 몇 개 지역도 중앙본부와 밀접한 관계를 유지하거나 활발한 사업을 추진하지 못하고 있다. 통합과정에서 전체 회원의 참여와 의견이 충분히 수용되지 않은 채 제도적인 통합이 이루어

---

10) 한국4-H본부, 4-H운동 활성화와 지역연계방안 모색을 위한 토론회, 서울: 한국4-H운동 활성화와 지역운동과의 연계방안 4-H본부, 2001, p.26.

졌기 때문이다. 회원구성원이 통합으로 얻어지는 혜택이 무엇인지, 왜 통합을 하여야 하는지를 모른 채 몇몇 임원들에 의해서 형식적인 통합을 추진하다 보니 문제가 된 것이다. 이 외에도 통합조직에 대한 인식의 부족을 들 수 있다.

일선 자치단체에서 보조금 등 예산을 확보할 때에 본부보다는 후원회라는 명칭이 절실하기 때문이다. 중앙의 4-H본부와 통합이 이루어졌을 경우 계층조직이 갖는 위상문제가 심각하게 작용하였다. 지역 간 또는 조직 간의 이견과 구성원 간의 이해와 융화 부족이 크며 보유자금에 대한 소유권 문제와 중앙에 회비납부 액수가 문제되고 있다. 4-H본부체제와 역할 부족을 지적할 수 있다.

후원회원의 미참여로 인해서 4-H육성자금이 부족하고 기금조성에 어려움이 있다. 4-H출신선배들의 4-H본부에 대한 부정적인 시각의 팽배도 문제이다. 본부의 소수 참여와 연계미비를 들 수 있으며 본부회원의 역할 부족과 회원층의 노령화, 세대 간 이해부족 등을 들 수 있다. 진정한 통합은 회원들의 공통된 욕구를 충족시켜 줄 수 있는 다양한 보상 체계를 확립하는 일이 중요하다.

2. 사회관계의 결여

4-H출신 지도자의 수가 적으며 현존하는 지도자의 사명감과 통합성 부족으로 4-H회원과의 사회적 동적 밀도의 약화를 지적할 수 있다. 신뢰와 당면한 과제에 대하여 공동으로 추진하는 사업이 없으므로 함께하는 시간이 매우 부족한 실정이다. 4-H지도자

는 선후배와 공동사업추진을 통하여 함께하려는 의지력의 부족은 물론이고 이에 대한 관심과 필요성을 인식하지 못하고 있다.

4-H회를 이끌고 회원들에게 농촌발전을 위한 비전과 확신을 심어주는 지도자가 부족하여 회원의 의욕저하와 활동의 소극성을 들 수 있다. 젊은 농업인에게는 실질적인 도움이 되지 않는 4-H 활동을 기피하고 있으며 다른 농민 단체를 중심으로 활동하고 있어 후배4-H회와 사회관계의 결여가 심각하다.

4-H후원회 대부분이 회장과 회원이 고령화되어 있어 젊은 회원의 참여를 간접적으로 막고 있는 결과를 초래하고 있다. 젊은 4-H 출신자들의 4-H회에 대한 소속감과 사명감 부족으로 회비납부를 기피하며 적극적인 참여의식이 결여되어 있다. 젊은 층의 가입 시 기존회원과의 사회적 위치, 연령, 가치관 차이 등으로 이질감이 표출되어 선배회 가입을 꺼리고 있다. 문제는 선후배 간의 사회적 동적 밀도를 높여 줄 수 있는 다양한 프로그램을 개발하여 지속적인 관계 유지를 해 주는 일이 필요하다. 선후배 간의 공동프로그램을 개발하여 1년에 4-5회 정도의 행사를 정예화시켜 가야 한다. 한국4-H국제교류협회의 국제교류 프로그램을 활성화시켜 갈 필요가 있다.

3. 농촌진흥청의 역할 부재

한국4-H회는 처음부터 관에 의해 조직되고 육성되다 보니 조직운영의 자생력이 매우 부족하다. 초창기에는 4-H 지도사업이 농촌지도의 3대사업 중의 하나로 중요하게 추진되었으나 지금은 일선 농업 기술센터에서 업무를 담당하고 있다. 그러나 매우 소극적이며 업무비중이 낮게 차지하고 있어 지도효과가 미흡할 수밖에 없다.

농업기술센터에는 4-H전문지도사는 고사하고 전담 지도사마저 없는 실정이다. 4-H회원의 감소로 외형적인 지도효과와 전시효과가 급감해지면서 농촌진흥청과 농업기술센터의 4-H회 지도기능이 크게 약화되었다.

농촌진흥청을 비롯한 지도기관의 4-H지도자 육성을 위한 민간기구 활성화 의지의 결여도 크게 작용한 것으로 분석할 수 있다. 전국 농업 기술센터 조직을 활용하여 4-H출신 선배를 파악하고 이들과 유기적인 관계를 유지해 갈 때에 지도자로 참여하는 방안이 모색될 수 있다. 다시 한 번 농촌지도기관의 헌신적인 노력이 절실하게 요구되는 실정이다.

한번 관치에 길들여진 민중은 자생력을 찾기까지는 많은 시간이 소요된다는 사실을 상기해야 한다. 농촌지도기관은 장기적인 시각에서 미래의 농촌지도자를 양성한다는 차원에서 4-H선의 재조직과 통합에 노력을 경주할 필요가 있다. 농촌진흥청이 의지를 갖고 선배조직 통합에 따른 재정과 행정적인 지원을 해 주어야 한다. 물론 추진주체는 순수 민간조직이 앞서야 된다.

4. 사회변동의 대처 능력결여

끊임없이 사회는 변화하고 있다. 변동의 산물이 사회문제라는 시각에서 접근해 볼 때에 4-H조직도 변동의 선물로서 변화의 예측과

적응에 실패하여 선배조직을 활용하지 못하고 있다고 볼 수 있다. 일선 4-H활동이 끝나면 자연스럽게 선배조직에 편입되어 후배육성에 자발적으로 참여하고 기여하는 선후배 간의 관계설정이 제대로 이루어지지 않고 있다.

농업에 대한 비전이 없고 농업인구의 감소와 이에 따른 4-H자원 부족을 사전에 예측하지 못하고 지도기관의 안이한 생각으로 조직관리와 지도를 못 한 결과로 볼 수 있다. 미래는 잠재된 인적 자원을 어떻게 발굴하여 활용하느냐에 따라서 사회발전과 조직발전이 좌우됨을 인식하여야 한다.

21세기가 추구하는 제4물결 가치인 인간과 자연의 유기체적 통합가치 구현과 도시사회가 갖고 있는 많은 문제해결에 따른 농촌자원의 다각적인 활용주체로 4-H인이 나서는 장기적인 계획을 지금부터 수립해 가야 한다. 5년 이상의 중, 장기 계획을 수립하여 연차적으로 추진해 갈 수 있는 대처역량을 개발하는 데 지혜를 모을 때이다. 통일에 대비하여 북한지역의 4-H보급과 지도를 위한 지도자로 선배조직을 활용할 수 있는 계획을 수립해 가야 한다.

Ⅳ. 4-H 지도자 참여 촉진방법

1. 보상적 접근

조직구성원은 조직에 참여하는 데 소요되는 시간과 경비보다 더 많은 혜택이 자신에게 돌아온다는 확신을 갖게 될 때에 자발적으로 참여하게 된다. 현실적으로 4-H선배들에게 이러한 요인을 제공하기 위한 노력이 없었다.

보상은 심리적 보상, 경제적 보상, 사회적 보상, 문화적 보상, 정치적 보상 등이 있는데 4-H회는 선배들에게 이러한 보상을 제공하기에 너무나 미흡하였다. 4-H선배들을 지도자로 활용하기 위해서는 다인적인 보상을 제공하는 노력이 필요하다. 중복적인 보상이 제공될 때에 조직의 참여 효과는 기대를 거둘 수 있다. 심리적 보상으로 4-H 선배들이 후배를 지도하므로 과거의 추억을 키우고 그때의 동지를 만날 수 있으며 심리적인 만족을 득할 수 있을 때에 적극적으로 참여하게 된다. 참여하므로 얻게 되는 성취가치 진작방법도 모색해 가야 한다.

2. 제도적 접근

4-H조직은 국가차원에서 농촌발전과 국가발전을 위한 사회교육 차원에서 국가행정조직을 통하여 시작되었다. 조직운영과 특성이 국가시책 차원에서 관변단체로서 모든 것을 참여하고 지도해 온 결과 자생력을 키우지 못하였다. 4-H경진대회, 야영활동, 과제이수 등 모든 부분에서 농촌지도기관의 간섭과 지시에 의해서 활동을 해 왔다. 물론 여기에 소요되는 경비는 국가나 지방자치단체에서 지원해 주었다. 심지어는 교통비와 식비까지도 지원해 주었다.

아직도 선배들은 관 중심적인 활동에 대한 향수를 버리지 못하고 있다. 이러한 관치 조직에 익숙해져서 관에서 개입하면 참여하는 관습이 아직도 몸에 배어 있는 것이 문제이다. 반세기 동안 농촌진흥청을 비롯한 산하 시, 군 단위 농촌지도소에서 정부예산을 지원받아 4-H회를 지도해 왔다. 농촌진흥청에서 지속적으로 4-H 출신을 관리하여 조직을 육성시켜 가야 하는 이유가 여기에 있다. 일선 지방자치단장은 4-H조직을 일시적인 정치 지지집단으로 생각해서 이용하려는 생각을 버려야 하며 4-H인은 이에 이용당해서는 안 된다.

3. 조직적 접근

전국에서 산발적으로 분산되어 있는 4-H선배 조직체계를 일원화시켜서 공동사업을 추진해 가야 한다. 지역4-H본부 또는 후원회의 경우 재정은 지역 후원회의 적극적인 활동으로 지속적으로 확대되고 있으나 잠재적 회원을 확대하여 참여시키지 못하여 4-H활동에 대한 무관심을 조장시킨 결과를 초래하였다.

지역사회 차원에서 4-H출신자를 적극적으로 발굴하여 선배조직을 활성화시켜 가는 일이 급선무이다. 선후배 조직 간의 잠재적 갈등을 불식시키고 공동사업을 유기적으로 추진하는 사업공동체가 이념공동체 위에서 발현될 수 있는 방안을 모색하여야 한다. 잠재적 회원 발굴을 위한 모든 4-H조직을 동원하여 전국적인 활동을 펼쳐 가야 한다. 조직의 분명한 목표를 시대에 맞게 재정립하여 조직이 갖는 매력적 요인을 확대시켜 가는 일이 중요하다.

Ⅴ. 4-H선배 조직의 새로운 모형제시

전국에 산재되어 있는 수백 개의 4-H선배 조직을 새롭게 통합하여 활성화시켜 가기 위한 대안 제시가 절실하다. 어떤 형태로든지 선배조직이 협력관계를 유지하면서 상호 협력해 가는 것이 바람직하다. 각 조직이 지향하는 큰 목표와 4-H사업에 대한 애정과 관심이 같기 때문에 쉽게 통합할 수 있는 여지가 많다. 이를 세 가지 측면에서 접근해 보고자 한다.

첫째는, 지금처럼 한국4-H본부가 중심이 되어 설득과 다양한 인센티브를 주어 참여를 촉진시켜 가는 방안이다.

둘째는, 현존하는 크고 작은 선배조직과 연합체를 결성하여 상호 간의 정보교류, 협력하는 방안을 구축해 갈 수 있다.

셋째는, 전국의 선배들을 모아서 새로운 조직을 다시 조직하는 방법이다. 이에 대하여 구체적인 방안을 제시하고자 한다.

1. 4-H본부를 중심으로 한 통합모형

전국적으로 4-H본부가 조직되어 있으나 모든 선배조직을 통합된 조직이 못 되고 있다. 현재 전국적으로 선배조직에 참여하지 않고 있는 도 단위 78%, 특별시·광역시단위 71%, 시·군·구 단위의 97%에 달하고 있는데 한국4-H본부로 통합시켜서 하나의 조직으로 만들어 가는 방법이다. 이 방법은 기존조직을 중심으로 미가입 단체를 찾아 설득하고 참여를 유도해 가야 한다. 기존조직은 잘못 참여하면 기금과 조직원의 손실을 볼 수 있으며 득이 되지 않는다는 강한 불신을 갖고 있다. 이 문제의 해결은 본부직원과 임원들의 헌신적인 노력을 요구하게 된다. 이는 현실적으로 어려움이 많다. 본부의 현실이 이를 충족시키기에는 거리가 있기 때문이다. 다만 농촌진흥청의 예산과 행정력의 지원을 받아 조직통합에 따른 인센티브를 제공하고 행정지원이 이루어진다면 가능할 수가 있다.

2. 연합체 형태의 협력체 구성 모형

현재 전국적으로 산재되어 있는 클로버동지회, 4-H연맹, 4-H본부, 한국4-H교사협의회, 한국4-H국제교류협회, 지역사회에 있는 소규모의 친목회, 흙의 동지회 등 소규모 조직을 찾아내서 이를 하나의 연합체로 구성하여 협력사업과 공동사업을 추진해 간다. 전국적으로 후배4-H회원을 지원하고 지도하는 연합체를 구성하여 활동하는 방법으로 잠재된 4-H출신의 참여를 극대화시킬 수 있는 장점이 있다. 반면에 이의 추진을 위한 일이 현실적으로 시간, 예산, 인력 등 어려움이 많아서 실현성에 문제가 있다. 연합체에 참가하는 회원의 자격기준과 이에 부과되는 권리와 의무를 규정하는 일도 쉽지 않다. 자율성과 정체성을 훼손하지 않고 최대한 보장해 주면서 연합체를 구성하는 일이 절실하다.

3. 제3의 새로운 조직생성 모형

기존의 조직을 무시하고 4-H출신자로 새로운 조직을 만드는 방법이 있다. 이 방법은 잠재적 참여자의 자율성과 기대를 제시하는 효과는 있으나 현실적으로 참여, 홍보, 인력 등 어려움이 많다. 전국에 산재되어 있는 4-H선배를 찾는 일이 쉽지 않고 많은 시간과 관리비용을 감내하기 어렵다. 이들이 모였을 경우 다양한 의견을 하나로 통합시켜 가는 일이 결코 쉬운 일이 아니다. 기존조직을 이끌고 있는 사람들의 기득권포기가 현실적으로 어려운 문제를 안고 있다. 이러한 문제를 극복하고 공통된 사업과 목표를 설정하여 참여하도록 하는 방안을 강구하여야 한다.

4. 공통된 과제

위에서 제시한 3가지 모형 모두 다 공통적으로 수용하여야 할 과제가 있다. 조직일원화의 필요성을 널리 홍보하여 참여 동기를 부여하는 일이다. 선배조직의 필요성과 현안 문제에 대하여 토론과 협의를 거쳐서 조직 방향을 잡아가야 한다. 한 방법으로 소위원회를 구성하여 이들에 의하여 통합방안 마련을 위한 세미나를 개최한다. 이에 근거하여 통합 추진위원회와 각 단체의 임원진과 이사회의 의결을 거쳐서 공청회를 개최하여 방안을 마련해 간다. 통합 추진협의회와 이사회의 의견을 확정하고 각 단체별로 임시 총회를 개최하여 통합을 최종 결정하는 것이 좋다. 갈등과 이론을 최소화하여 공통된 대의와 목표로서 하나로 일원화시켜 가는 노력이 절실하다.

Ⅵ. 4－H출신지도자의 소망

　4－H육성을 위하여 선배조직의 통합과 역할 제고의 필요성이 절실하다. 시대 환경에 맞는 선배조직을 일원화하여 이를 재교육을 통하여 활성화시켜서 지도자 조직을 기능을 다하도록 하는 노력을 기울여야 한다. 제시한 몇 가지 방안을 전문가 집단과 현장의 실무자로 위원회를 구성하여 실태 파악과 검증을 거쳐서 가장 현실적이고 합리적인 방안을 모색해 가야 한다. 본고에서 논의한 방법 중 현실적으로는 한국4－H본부가 중심이 되어 다양한 방법을 동원하여 하나의 통합된 조직으로 다시 시도하여 성공을 거두는 방법이 현실적이다. 이에 농촌지도기관의 적극적인 협조와 노력이 절실함을 강조한다. 이 과정에서 참석자의 욕구에 부합되는 비전과 구체적이고 가시적인 사업제시가 필요하다. 그러기 위해서는 분위기를 조성하여야 하며 본부직원과 임원들의 열린 마음과 헌신적인 노력이 절실하다. 현재 참여하지 않고 있는 일선 4－H후원회와 클로버동지회 등의 참여를 위한 노력을 기울여야 한다. 기금문제, 회비문제, 참여 시 얻을 수 있는 명분제공 등을 분명하고 구체적으로 제시하여야 한다. 실질적으로 4－H선배의 의견이 정책과 활동에 반영될 수 있어야 한다. 농촌진흥청은 통합조직의 과정에만 행정적인

지원을 해 주고 이후에는 자율적인 활동이 이루어질 수 있도록 직·간접적인 간섭을 배제하여야 한다. 4-H본부 회원에 대한 후원과 격려, 지도육성과 지원이라는 고유의 업무의 정체성을 확실하게 확립시켜 주는 일과 참여프로그램으로 통하여 동기유발과 보람창출이 이루어져야 한다. 통합 후에 예상되는 갈등요소를 사전에 발견하여 해소하는 노력도 필요하다.

참고문헌

김진규, 조직사회학, 서울: 도서출판, 풀빛, 1987.

농촌진흥청, 한국4-H본부, 4-H과제활동 교육교재, 서울: 한국4-H본부 부설 농촌문제연구소, 2003.

오치선 외, 청소년 조직행동론, 서울: 솔과 학, 2002.

오갑환, 사회구조와 변동, 서울: 법문사, 1990.

한국청소년단체 협의회, 차세대 청소년지도자 축제, 서울: 청협, 2003.

정하성, 청소년문제와 지도, 서울: 해와 달, 1989.

______, 주민조직을 통한 지역사회개발 추진모형에 관한 연구, 대구대학교 박사학위논문, 1989.

______, 농촌지역사회개발론, 서울: 백산출판사. 1995.

______, 4-H본부의 사업추진역량 강화방안, 서울: 한국4-H본부 부설 농촌청소년문화연구소, 2001.

정경섭, 조직행동론, 서울: 법문사, 1996.

조석준, 조직론, 서울: 법문사, 1984.

Murray G. Ross, Community Organization Theory, Principles, and Practice, 2nded. (New York: Harper and Row, Publishers, 1967), chapters 6 and 7.

제5장

청소년사회관계 증진프로그램 개발방향

Ⅰ. 청소년사회관계의 이해

오늘의 청소년은 핵가족으로 인한 가족구성원의 단순화와 한 자녀 가정의 증가로 인한 인간관계훈련의 기회부족과 이기주의의 팽창으로 원만한 사회관계가 이루어지지 못하고 있다. 대면적 관계보다 익명적 관계를 중시하고 선호한다. 사이버공간에서 자신이 구축한 무한영역의 활동을 즐기며 많은 시간을 보내고 있다. 익명성이 보장되는 사이버공간의 특성으로 인해서 청소년의 기명적 대인관계가 크게 줄어들고 있는 것도 이 때문이다. 익명성으로 인한 문제를 야기하고 기명의 사회관계를 약화시키게 된다. 청소년기의 기형적인 인간관계의 경험과 훈련부족은 사회적 충돌과 비타협적이고 비민주적인 행태를 나타낼 위험성이 크다. 원만한 인간관계는 지속적인 대화를 통하여 타협하고 이해해서 서로가 공유할 수 있는 대안을 찾게 만들어 주어야 가능하다.

상이한 가치와 다양한 욕구는 나 홀로생활을 만들어 가고 있어 군중 속의 고독과 외로움을 가슴에 안고 살아가는 청소년들이 늘어가고 있는 것이 문제이다. 원만한 인간관계를 맺으면서 바람직한 사회화 과정(socialization pross)을 거쳐 생활하기 위해서는 사회관계를 증진시켜 주어야 한다. 격변하는 현실사회의 보편적 가치와 사회적 특성에 따른 사회성 훈련도 필요하며 청소년들에게 어떻게 사회적 역동성을 진작시켜 주느냐가 관건이다.

이것은 신뢰와 자신감 넘치는 사회관계를 만들어 가는 데 있다. 인간관계(human relations)란 학문이 대두되기 시작한 것은 1930년대의 bell식 전화기 제조업체인 서부전기회사의 실험 작업단계로 귀결 지을 수 있다. 제2차 세계대전 이후부터 전문화되어 인사관리, 조직관리 및 행동과학의 기본적인 원리로 활용되었다. 인간관계내용은 일반적 의미에서 사람과 사람의 심리관계, 대인관계, 인화를 말한다.

학문적 개념의 인간관계내용은 인간관계의 과학과 산업상의 인간관계로 설명할 수 있다. 산업상의 인간관계는 기술적 인간관계, 공식적 인간관계, 비공식적 인간관계로 나누어 설명할 수 있다.[1] 인간은 사회관계를 증진시켜 가는 존재로서 청소년기에 특별한 교육과 훈련이 필요하다. 창조적인 자기파괴보다는 원만하고 보편적인 사회성을 습득해 가는 일이 더 중요하다. 효과적인 의사소통은 사회관계의 성공하기 위한 필수조건이다.

인간의 사회관계는 다음과 같은 요인에 의해서 이루어져 가게 된다. 첫째는 어떤 사회조직 속에서 스스로의 위치를 부여함으로써 생활을 유지해 갈 수 있다. 둘째는 인간의 種의 유지가 혼자서는 불가능하다. 셋째는 인간은 타인과 접촉에 의한 사회문화적 학습을 계속하며 제구실을 할 수 있다.[2]

청소년들에게도 이 같은 요인을 고려하여 인간관계를 지도할 수 있는 노력을 기울여야 한다. 여기에서는 청소년의 실태를 파악하고 사회관계를 증진시킬 수 있는 교육과 프로그램에 대하여 이론을

---

1) 유기현, 인간관계론, 서울: 무역경영사, 1992, pp.21 - 27.
2) 김홍재, 사회생활과인간관계, 서울: 백산출판사, 1995, 26 - 28 참조.

검토해 보고 현실적인 대안을 모색하고자 한다. 프로그램을 어떻게 개발시켜서 청소년사회성 훈련에 적용하느냐가 중요하다. 개별화되고 분화된 사회에서 나타나는 복잡하고 다양한 사회관계에 대한 이론정립과 발달이 필요하다. 원만한 인간관계만이 대화를 통해서 문제를 해결하고 타협점을 찾을 수 있다. 여기에서는 사회관계와 관련된 이론과 청소년의 사회성 발달과정을 살펴보고 대안을 제시하고자 한다.

Ⅱ. 관련 이론의 검토

1. 인간관계이론

인간은 눈뜨면 사람을 만나고 지속적인 사회관계를 유지하면서 생활하게 된다. 인간관계는 18세기 후반 영국에서 산업혁명을 계기로 산업화와 분화에 따른 문제가 대두되기 시작하였다. 미국의 사회학자 C. H. Cooley가 제시한 인간관계에 대하여 알아보고자 한다. C. H. Cooley는 인간관계를 두 집단으로 구분하여 설명하고 있다. 하나는 1차 집단(primary groups)으로 구성원 사이의 대면접촉을 통해서 친밀하게 결합된 조직을 말한다. 아동기에는 1차 집단의 영역이 주로 어머니에 의존하게 된다. 성장과 더불어 가족 전체 구성원으로 확대되어 간다. 부모와 형제의 가족관계에서 한정되어 있어 가족의 절대적인 영향을 받기 마련이다. 가족의 영향력은 개인의 인격형성에 영향을 미치며 사회생활에도 필요하다. 원만한 가족관계를 유지하면서 가족의 사랑을 받고 성장하면 사회적응을 잘해 갈 수 있다. 이를 원초적 집단이라 한다. 가족구성원 간의 혈연관계가 이에 해당된다. 2차 집단(secondary groups)은 사회구성원 간의 접촉을 하며 목적달성을 위한 수단적인 만남을 바탕으로 결합된 조직이다. 학교에서 만나는 친구와 선후배, 지역사회의 여러 사람들과 관계집단을 말한다. 이 조직은 의식과 인위적인 상호작용을 중시한다.

인간관계는 경영학에서 말하는 다음과 같은 다섯 가지로 설명할 수 있다.

첫째, 생산성은 단순히 물리적 환경뿐만 아니라 사회적, 심리적 요인에 의해 큰 영향을 받는다. 생산에 참여하는 구성원 간의 신뢰와 커뮤니케이션이 원만하여 안정을 이룰 때에 일의 능률을 높일 수 있다.

둘째, 비경제적 보상이나 제재가 근로자의 동기부여와 직업만족도를 결정하는 중요 요인이다. 무형의 심리, 정신적인 관계는 생산성을 높이고 행복감과 만족도를 높여준다. 의욕을 촉진시켜 주는 제도나 인간관계가 중요하다.

셋째, 전문화가 노동 분업의 절대적 기준이 아니다. 전문화는 사람이 주체가 되어 하므로 인적 자원의 효율적인 동원과 활용이 필요하다. 역할에 대한 성실한 수행과 협력체계를 확립시켜 가야 한다.

넷째, 근로자는 개인으로서보다는 집단이나 비공식조직의 한 구성원으로서 조직에 반응한다. 근로자뿐만 아니라 인간은 소속된 집단이나 조직의 가치를 존중하면서 이를 위하여 기여하기를 바라고 있다.

다섯째, 제품생산이나 서비스전달방법에 관한 의사결정에 있어서 근로자와 관리자 간의 의사소통과 근로자의 참여가 중요하다. 생산

현장에서뿐만 아니라 일반사회에서도 수평적인 관계에서 진솔한 대화를 통한 타협을 찾아내는 일이 중요하다.[3] 인간관계에 있어 상호존중과 협력의 관계를 모색해 가기 위한 노력을 지속적으로 기울여야 한다.

2. 동기부여와 개인 차이

사람의 사회관계는 어떠한 계기로 인해서 이루어지게 된다. 이는 개인의 성향과 사회성에 따라서 크게 다르게 나타난다. 동기는 인간의 욕구와 밀접한 관계가 있다. 인간의 욕구는 무한하며 동태적인 성질을 갖고 있으며 인간행동동기유발의 원천이 된다. 인간의 행동은 인간의 욕구를 위해서 상존하고 있으며 개인적 행동을 유발시켜서 목표지향적인 행위로 변모하게 된다. 이 욕구는 개인차가 심하여 어떤 사람은 필요 없는 것에 어떤 사람은 집착을 보이기도 한다. 독자성, 지속성, 대인관계성 등의 성격특성(personality characteristics)에 따라 개인차를 엄격히 구별한다. 개인의 개인별 적성, 특수능력은 사람에 따라 상이하다. 능력의 시간에 따른 개인차, 능력과 적정인의 불일치에 따른 개인차, 직위와 시간변화에 따른 개인차가 있다.

---

3) 행정학.net, 김문성, 서울: 박영사, 2004, pp.22 - 23.

3. 상호이해와 인간의 존엄성

원만하고 지속적인 사회관계는 상대의 존재가치와 존엄성을 존
중해 줄 때에 출발한다. 바람직하고 너그러운 자세로 타인을 이해
할 때에 성공적인 사회관계를 이뤄 갈 수 있다. 인간관계에 있어서
개인과 조직의 상호이해관계의 조정과 균형은 결국 기업과 종업원
의 유인과 공헌의 균형을 뜻한다. 조직 내에서 기업과 종업원의 상
호이해는 공헌과 유인의 균형점을 찾아서 집중적으로 관리한다. 생
산성 향상을 위한 목표지향적인 인간관계의 조정은 인간관계의 개
선 및 기법의 필요성을 요구한다. 인간관계의 존엄성을 인정하고
이에 대한 관리가 필요하다. 능력개발을 기업이 시도하려 할 때에
문제는 종업원의 조직 내에서의 사회적 태도에 따라서 목표지향적
인 인간관계와 존엄성의 실질적 가치가 부각된다.

4. 인간의 사회성과 자타관계

사람은 타인과의 사이에 일정한 관계를 감각적, 감정적 면에서
긴밀성을 유지하기 때문에 사람은 유아주의(唯我主義)에 빠지고 않
고 다른 사람들과 함께 사회를 구성하고 서로 역할을 분담해 나갈
수 있다. 신뢰를 기반으로 한 사회적 관계를 유지하면서 살아간다.
여기에서 사회적 존재로서의 인간을 이해하여야 원만한 관계를 해
갈 수 있다. 인간은 사회적 존재이기 위해서 사회의 역할 체계 속
에 편입되어 활동하고 있다. 스스로의 역할에 적합한 태도와 행동

을 주위로부터 요구받고 있기 때문이다. 사회성의 개발과 훈련은 개체와 개체에서 자타의 관계로 이해하여 관계를 유지하게 해 준다. 대인관계에서의 자기의식에 따른 분명한 자기제시를 하여야 관계 설정이 이루어질 수 있다.

Ⅲ. 청소년의 사회관계부족의 역기능

오늘의 청소년은 사회성이 부족하여 기성세대로부터 배척받고 친구들과의 갈등을 확대 생산해 가고 있다. 사회성 부족은 한 자녀, 과잉보호, 옹고집 등이 원인으로 볼 수 있으며 내용에 따라 적절한 교정방법을 찾아야 한다. 사회화 과정의 훈련 시기를 상실한 청소년들에게 체계적이고 전문적인 교육프로그램을 실시하여야 한다.

1. 다양한 현실문제 야기

청소년기의 사회성 미발달은 후일 성인이 되어도 원만한 인간관계를 맺지 못하여 사회생활에 지장을 초래하게 된다. 청소년기에도 친구와의 충돌과 대립으로 즐겁지 못한 생활을 영위하여 사회성을 개발하지 못한다. 남을 배려하거나 생각할 줄 모르고 지나치게 자신 위주로 생각하고 행동하는 청소년을 방치하면 따돌림과 외톨이와 대상이 되어 교유관계를 전혀 맺지 못하게 된다. 청소년기에 적절한 훈련과 학습을 토하고 사회관계를 발전시켜 가는 노력이 중요하다.

청소년을 둘러싼 미시적 환경체계와 거시적 환경체계와의 관계를 적절하게 조정하고 적응하므로 환경과의 충돌로 인한 문제를 해소할 수 있다. 가족관계, 친구관계를 통한 자기발견을 하고 문제를 인식하여 수정해 가는 행동수정방법을 적용하여야 한다. 사회관계의 미숙은 사회관계를 단절시키고 문제를 확대 재생산하게 된다. 지역사회나 사회와 관련된 인적 관계를 신뢰와 기대의 관계로 유지시키기 위한 행동을 하여야 한다. 긍정적이고 반드시 실천하여 결과를 보여주므로 신망을 얻을 수 있다.

2. 미래사회관계에 악영향을 미친다

청소년기에 친구와 친인척을 비롯한 주변사람에게 부정적인 이미지를 심어줄 경우 성인이 되어도 이것을 극복하려면 많은 시간과 노력이 소요된다. 청소년기의 행동과 사고는 진취적이고 올곧고 정직해야 하는 이유가 여기에 있다. 청소년기의 원만한 사회관계는 미래사회의 사회적 자본(social capital)을 형성하는 데 중요한 역할을 하게 된다.

청소년기의 아름다운 기억과 좋은 관계는 성인이 된 후에도 지속적으로 이어질 때에 커다란 자기발전을 꾀할 수 있다. 사회관계가 원만하지 못할 때에 살아가는 데 많은 어려움과 곤란함을 겪게 된다. 청소년기의 정답고 아름다운 이미지를 심어주고 좋은 사회관계를 형성할 때에 미래를 행복하게 살아갈 수 있다. 청소년기에 원만한 교우관계를 형성하지 못할 경우 성인되어 외로움 속에 사회적 지원을 받지 못하므로 고통스러울 수밖에 없다.

3. 인성발달의 장애로 인한 문제

청소년기에 자아가 왜곡되고 인성이 비뚤게 발달하게 되면 사회관계에 문제가 된다. 자아존중감이 결여되어 자신을 비하하고 자학하여 다른 사람과 교류하기를 두려워하며 기피하는 현상을 나타내기도 한다. 매사를 부정적으로 보면 긍정적인 사회현상도 부정적으로 보게 되어 문제를 야기하게 된다. 일상생활에서 발생하는 사사로운 일을 갖고 시비를 걸어 타인의 기분을 망치게 하기도 한다. 아름다운 꽃을 꺾는다든가, 귀여운 애완용동물을 학대한다든가 하는 비정상적인 행동을 자행하게 된다. 교육을 통해서 안 될 때에는 병원에서 치료를 받아 고쳐 주어야 한다. 타인지향적인 사고를 갖고 이해하려는 마음이 부족하여 사회적 충돌을 많이 일으키게 된다.

Ⅳ. 사회관계 증진프로그램의 전략

사람과 사람의 만남이 즐겁고 기뻐서 행복하며 희망을 향한 최선의 노력을 다할 수 있도록 하는 일이 중요하다. 태도와 대화를

통하여 상대방에게 신뢰를 심어줄 수 있으며 지속적인 사회관계는
그 사람에 대한 신뢰의 평가를 하게 만든다. 청소년기의 사회관계
를 높여줄 수 있는 프로그램을 개발하는 방법을 모색하는 일이 필
요하다.

1. 인간관계의 목표

사회관계의 목표는 타인을 이해하고 격려해 주는 바람직한 대화
와 행동을 습득하기 위한 사회화(socialization)를 이뤄 가는 데 두어
야 한다.

항상 타인지향적인 가치를 존중해 주고 자아성숙을 위한 사회성
개발을 하여야 한다. 청소년기에 원만한 인간관계를 맺기 위한 교
육과 훈련목표를 수립하여 총체적인 노력을 기울여 가야 한다. 청
소년기에 자아존중감을 높여주고 타인을 배려하는 마음을 갖게 하
는 교육과 훈련이 필요하다.

2. 자기표현을 위한 기초적인 노력을 한다

자기표현의 문제들은 대부분 상황적이다. 문제점을 행동으로 규
정짓는다. 자기표현 요소를 개발해 가며 주의해서 표적행동을 구체
화시켜 간다. 목표를 구체화시키기 어려울 때는 모방과 조언을 들
으며 이상화된 자아상을 확립한다. 행동목표설정의 결과가 다르다

는 사실을 인식하게 된다. 대부분 대화자들이 근본적으로 유능하면서도 특정한 상황에서 비자기표현적이거나 어떤 분야에 어려움을 느낀다. 자신의 문제를 규정지은 후 행동을 상세히 표시함으로 개인적인 목표를 세운다. 개기표현기술에서 경험하게 될 어려움이나 해결할 수 있는 첫 단계를 성취하게 된다.

3. 구체적인 적용

대화기술을 통한 인간관계의 정립을 위해서 기본적인 자료를 교환하고 약간의 이야기, 칭찬하기, 도움의 요청과 수락 등을 생각해 본다.

감정표현과 비평에 대처하는 방법이다. 감정을 명확하고 분명하게 말할 필요에 대한 인식, 일차적인 감정과 이차적인 감정의 구별, 그 감정은 특정한 상황에 제한됨을 인식하여야 한다.

개인의 욕구충족을 위한 갈등처리, 요청하기, 거절하기이다. 성공적인 의사소통은 문제를 회피하지 말고 능숙하게 처리하여 갈등을 해결할 수 있다. 자기표현적인 문제해결로 문제는 자신에 있음을 확인하고 반복적 자기표현기술을 사용한다. 요청은 직접 하고 상대방의 욕구를 만족시키는 완벽한 해결책을 타협한다. 자기의사를 분명하게 전달하기 위해 반복적인 자기표현이 중요하며 제안에 대하여 생각해 볼 시간이 필요하다.[4] 청소년들이 좋고 나쁨을 분명하게 표현하고 절제된 사회관계를 유지하도록 훈련시키는 것이 중요하다.

---

4) 김인자, 인간관계와 자기표현, 서울: 한국심리상담연구소, pp.350 - 351.

4. 인간관계의 내용

1) 인간관계내용의 접근

인간관계는 일반적 개념과 학문적 개념으로 나누어 설명할 수 있다. 먼저 일반사회에서 널리 이용되고 있는 일반적 개념으로는 사람과 사람의 심리적 관계, 대인관계, 인화 등의 의미를 지니고 있다. 사람과 사람의 심리적 관계는 특정목표 없이 자연인 상호 간에 형성되는 일정한 심리적 관계 자체를 뜻한다. 특정한 Ideology나 가치판단의 의미는 전재되지 않는다. 대인관계는 사람과 사람을 대면하는 경우 개인의 언행과 태도에 관심을 갖고 형성되는 상호관계이다.

그러나 개인과 개인의 교양과 개성수준의 정도 및 대인적 교섭과 수용태도에 치중하는 것으로 이해해야 한다. 인화라는 인간관계는 공동의 목표의식이 있는 동일집단에서 인간 상호 간에 형성되는 바람직한 심리상태를 말한다. 다음으로 학문적 개념을 살펴보면 인간관계의 과학과 직업상 인간관계로 나누어 설명할 수 있다.

인간관계 과학은 모든 인접과학을 배경으로 하여 사람을 중심으로 인간행동과 욕구 및 심리상태와 변화과정 등을 상세하고 적나라하게 분석 연구하여 진의를 파악하는 기술적 학문이다. 직업상 인간관계는 조직 내의 경영관리 측면에 존재하는 현실이다. 기술적인 인간관계(technical human relation)와 공식적 인간관계(social relation) 및 비공식적 인간관계(informal human relation)를 지칭한다. 인간관계는 사실상 자생적인 인간관계를 뜻한다. 이는 기술적이고 제도적인 두 가지와 상호제도적인 연관성을 갖고 있다.[5] 청소년의 개인 차이와 여건과 환경을 생각해서 적절한 인간관계 증진내용을 정하여야 한다.

이를테면 처음 만나는 사람을 위해서 어떤 색의 옷을 입고 가느냐의 문제까지도 생각할 줄 알아야 한다. 개개인의 색체에 함축된 상징적 의미는 심리적 특성을 띠고 있어 좋아하는 색깔을 통하여 그 사람의 성격을 파악할 수 있다. 색깔은 마음의 언어로 색과 자신의 기분이 상통하고 있음을 인식하여야 한다. 파버 비렌은 다양한 색채 연상표를 만들어서 일반적인 느낌, 심리적인 연상, 직접적인 연상, 객관적인 인식, 주관적인 인식 등의 내용을 제시하고 있다.

2) 아름다운 인간관계를 만들어 간다

상호 간에 공통된 가치와 윤리를 추구해 갈 때에 아름다운 관계가 이루어질 수 있다. 이를 위하여 몇 가지 노력을 기울여야 하며 서로 만나서 즐겁고 반가우며 정겨운 사람과 사람관계를 이루어가야 한다.

가. 변함없는 신뢰관계를 쌓아가야 한다. 인간의 감정은 변화무쌍하므로 상대방의 마음을 상하지 않도록 주의하여야 한다. 정의와 진실을 추구하여 믿음을 쌓아 좋은 관계를 유지시켜 가도록 노력한다.

나. 예의를 지키며 상대방을 존중한다.[6] 인간관계의 기본은 예절에서부터 시작되므로 깍듯한 예의를 표하여야 한다.

---

5) 유기현, 전개서, 21 - 27 참조.
6) 정하성 외 3인, 인간과 사회, pp.255 - 260.

다. 사랑과 인정을 돈독히 하는 인간관계를 맺어 간다. 서로 간에 아끼고 사랑하며 정을 쌓아 가면서 소중한 관계를 맺어 가는 일이 중요하다. 청소년과의 관계에서는 바람직한 인물상을 모방하거나 본받을 수 있는 사람과의 교제가 필요하다.

라. 보람과 가치 있는 관계를 발전시켜 간다. 아름다운 인간관계는 서로 존중하고 좋아하며 합일된 의식과 감정을 갖고 상호 간에 추구하는 공통된 목표를 달성하기 위한 친밀감을 느끼며 자발적인 노력을 기울여 가는 것이다. 이를 위해서 변함없는 신뢰를 쌓아가야 하며 예의를 지키고 사랑과 인정이 샘솟는 존중의 관계를 유지시켜 간다.

3) 상호 간 행복과 기쁨을 창조하는 인간관계를 만들어간다.

사람은 만나서 기쁘고 즐거운 관계를 만들어야 한다. 이것은 오랫동안 상호신뢰와 의리의 구현에 의해서 이루어지게 된다. 사사로운 이해관계를 불식시키고 보편적 가치와 문화를 존중하면서 정의와 진실을 가치판단의 기준으로 삼아야 한다. 공동체정신을 존중하여 성실한 역할이행과 발전적인 관계를 정립시켜 간다.

4) 미래지향적이고 발전적인 관계를 유지시켜 간다

청소년기의 특성과 존재가치는 미래지향적이기 때문에 미래의 꿈과 이상을 논하며 자신감을 심어주고 긍정적인 노력을 추구하여야 한다. 다양하고 원만한 인간관계를 통해서 자신의 발전을 이뤄가는 방법을 알려주어야 한다. 실천 가능하고 가시적인 문제부터 제시하여 문제해결자체가 재미있고 즐거워야 한다. 주의의 존경받는 사람이나 어른들과의 잦은 대화를 통하여 관계유지는 물론 자신의 발전에 도움을 받는 일이 중요하다.

V. 청소년사회관계프로그램 정착노력

1. 요 약

　청소년의 원만한 사회관계를 위해서는 가정, 학교, 지역사회에서 인간관계훈련을 실시하여야 한다. 청소년정책의 정체성을 지키며 그 속에서 사회성 프로그램을 개발하고 발전시켜 가는 노력이 필요하다. 사람과 사람의 만남이 즐겁고 기뻐서 행복하며 희망을 향한 최선의 노력을 다할 수 있도록 하는 일이 중요하다. 태도와 대화를 통하여 상대방에게 신뢰를 심어줄 수 있으며 지속적인 사회관계는 그 사람에 대한 신뢰의 평가를 하게 만든다. 청소년기의 사회관계를 높여 줄 수 있는 프로그램을 개발하는 방법을 모색하는 일이 필요하다.

　인간은 눈뜨면 사람을 만나고 지속적인 사회관계를 유지하면서 생활하게 된다. 인간관계는 18세기 후반 영국에서 산업혁명을 계기로 대두되기 시작하였다. 산업화와 분화C. H. Cooley는 인간관계를 두 집단으로 구분하여 설명하고 있다. 하나는 1차 집단(primary groups)으로 구성원 사이의 대면접촉을 통해서 친밀하게 결합된 조직을 말한다. 아동기에는 1차집단의 영역이 주로 어머니에 의존하게 된다. 성장과 더불어 가족 전체 구성원으로 확대되어 간다. 2차집단(secondary groups)은 사회구성원 간의 접촉을 하며 목적달성을 위한 수단적인 만남을 바탕으로 결합된 조직이다. 학교에서 만나는 친구와 선후배, 지역사회의 여러 사람들과 관계집단을 말한다. 이 조직은 의식과 인위적인 상호작용을 중시한다. 인간관계는 경영학에서 말하는 다음과 같은 다섯 가지로 설명할 수 있다.

첫째, 생산성은 단순히 물리적 환경뿐만 아니라 사회적, 심리적 요인에 의해 큰 영향을 받는다.

둘째, 비경제적 보상이나 제재가 근로자의 동기부여와 직업만족도를 결정하는 중요 요인이다.

셋째, 전문화가 노동 분업의 절대적 기준이 아니다.

넷째, 근로자는 개인으로서보다는 집단이나 비공식조직의 한 구성원으로서 조직에 반응한다.

다섯째, 제품생산이나 서비스전달방법에 관한 의사결정에 있어서 근로자와 관리자 간의 의사소통과 근로자의 참여가 중요하다. 사람의 사회관계는 어떠한 계기로 인해서 이루어지게 된다. 이 욕구는 개인차가 심하여 어떤 사람은 필요 없는 것에 어떤 사람은 집착을 보이기도 한다. 원만하고 지속적인 사회관계는 상대의 존재가치와 존엄성을 존중해 줄 때에 출발한다. 바람직하고 너그러운 자세로 타인을 이해할 때에 성공적인 사회관계를 이뤄갈 수 있다. 사회관계의 목표는 타인을 이해하고 격려해 주는 바람직한 대화와 행동을 습득하기 위한 사회화(socialization)를 이뤄 가야 한다. 청소년기에 자아존중감을 높여 주고 타인을 배려하는 마음을 갖게 하는 교육과 훈련이 필요하다. 자기표현을 위한 기초적인 노력을 한다. 자기표현의 문제들은 대부분 상황적이다. 문제점을 행동으로 규정짓는다. 자기표현 요소를 개발해 가며 주의해서 표적행동을 구체화시켜 간다. 목표를 구체화시키기 어려울 때는 모방과 조언을 들으며 이상화된 자아상을 확립한다. 대화기술을 통한 인간과계의 정립을 위해서 기본적인 자료를 교환하고 약간의 이야기, 칭찬하기, 도움의 요청과 수락 등을 생각해 본다. 감정표현과 비평에 대처하는 방법이다. 감정을 명확하고 분명하게 말할 필요에 대한 인식, 일차적인감정과 이차적인 감정의 구별, 그 감정은 특정한 상화에 제한됨을 인식하여야 한다. 개인의 욕구충족을 위한 갈등처리, 요청하기, 거절하기이다. 인간관계는 일반적 개념과 학문적 개념으로 나누어 설명할 수 있다. 먼저 일반사회에서 널리 이용되고 있는 일반적 개념으로는 사람과 사람의 심리적 관계, 대인관계, 인화 등의 의미를 지니고 있다. 사람과 사람의 심리적 관계는 특정목표 없이 자연인 상호 간에 형성되는 일정한 심리적 관계 자체를 뜻한다.

기술적인 인간관계(technical human relation)와 공식적 인간관계(social relation) 및 비공식적 인간관계(informal human relation)를 지칭한다. 인간관계는 사실상 자생적인 인간관계를 뜻한다. 이는 기술적이고 제도적인 두 가지와 상호제도적인 연관성을 갖고 있다.[7] 청소년의 개인 차이와 여건과 환경을 생각해서 적절한 인간관계 증진내용을 정하여야 한다. 아름다운 인간관계를 만들어 간다. 변함없는 신뢰관계를 쌓아 가야 한다. 예의를 지키며 상대방을 존중한다. 사랑과 인정을 돈독히 하는 인간관계를 맺어 간다. 보람과

---

7) 유기현, 전개서, 21－27참조.

가치 있는 관계를 발전시켜 간다. 상호 간 행복과 기쁨을 창조하는 인간관계를 만들어 간다. 미래지향적이고 발전적인 관계를 유지시켜 간다.

2. 정책방향

사회성이 떨어지는 오늘의 청소년들에게 다양한 프로그램과 교육훈련을 통해서 문제해결 대안을 찾아가야 한다. 학교에서 전문교사를 확보하여 특별지도를 실시하여 효과를 높여가야 한다. 홈룸시간이나 동아리시간을 활용하여 사회성증진프로그램을 실시하며 이에 수반되는 행, 재정 뒷받침을 해 주어야 한다. 기초자치단위별로 지역실정과 환경에 부합하는 사회성 프로그램은행을 만들어서 운영해 간다. 여기에는 교사, 심리상담자, 정신과의사, 지역사회지도자 등이 참여하여 프로그램은행을 운영해 간다.

광역단체별로 네트워킹을 통하여 프로그램을 개발하고 공유하여 활용한다. 프로그램개발을 위한 두뇌집단과 실천집단의 능력개발과 참여촉진방안을 모색한다. 이의 상호 간의 연계성을 확립하고 활용의 최고화를 꾀하여 간다. 바람직한 청소년들의 사회관계를 향상시켜 주기 위한 사회적 노력과 정책적 배려가 절실하다. 지역사회의 다양한 기관과 단체를 사회성 훈련프로그램과 연계해서 운영해 가도록한다. 지역사회의 현직교사, 퇴직교사, 목회자, 상담가, 사회복지사 등의 전문가집단의 인적 자원을 합리적으로 동원하고 활용하여 사회성훈련과정에 활용하는 방안을 모색하여야 한다. 정부나 지

자체에서 예산을 지원해 주어 지역사회차원에서 사회성프로그램을
진행하도록 하는 것도 바람직하다.

참고문헌

1. 김문성, 행정학.net, 서울: 박영사, 2004.
2. 김홍재, 사회생활과 인간관계, 서울: 백산출판사, 1995.
3. 유기현, 인간관계론, 서울: 무역경영사, 1992.
4. 정하성 외 2인, 인간과 사회, 서울: 백산출판사, 2003
5. 아동청소년정책통합과 발전과제, 서울: 한국청소년정책연구원, 2008
6. Ronald. B. Adler, 김인자 역, 인간관계와 자기표현, 서울: 한국심리상
   담연구소, 2007.

정하성 ——

▎약 력

충남대학교를 졸업하고 대만 R.T.I에서 지역사회와 청소년 연구를 마친 후 대구대학교 대학원에서 지역사회학을 전공하여 행정학 박사학위를 취득하였다.

한국청소년연구소(서울), 사단법인 청소년지도연구원(대전), 사단법인 대전지역사회개발협회장으로 활동하는 등 30여 년을 한결같이 지역사회 활동과 청소년지도자로 활동하고 있다.

국가시험 청소년지도사 1·2·3급 출제위원 겸 검정위원, 국가시험 청소년상담사 1·2·3급 검정위원이며 사단법인 한국청소년학회장으로 활동하고 있다.

한양대학교 대학원 외래교수를 거쳐 현재는 평택대학교 청소년학과 교수로 재직하고 있다.

▎주요 논문 및 저서

『자원봉사활동론』 등 50여 권의 저서가 있다.

청소년 이해론

초판인쇄 | 2010년 2월 26일
초판발행 | 2010년 2월 26일

지 은 이 | 정하성
펴 낸 이 | 채종준
펴 낸 곳 | 한국학술정보㈜
주　　소 | 경기도 파주시 교하읍 문발리 파주출판문화정보산업단지 513-5
전　　화 | 031) 908-3181(대표)
팩　　스 | 031) 908-3189
홈페이지 | http://www.kstudy.com
E-mail | 출판사업부　publish@kstudy.com
등　　록 | 제일산-115호(2000. 6. 19)

ISBN　978-89-268-0835-1 93330 (Paper Book)
　　　　978-89-268-0836-8 98330 (e-Book)

내일을여는지식 은 시대와 시대의 지식을 이어 갑니다.